Disfrute gratuitamente **DURANTE UN AÑO** de los eBook y audiolibros de las obras de Editorial Colex*

- ⊚ Acceda a la página web de la editorial **www.colex.es**

- ⊚ Identifíquese con su usuario y contraseña. En caso de no disponer de una cuenta regístrese.

- ⊚ Acceda en el menú de usuario a la pestaña «Mis códigos» e introduzca el que aparece a continuación:

RASCAR PARA VISUALIZAR EL CÓDIGO

Transparencia y financiación de la actividad política

AF275050

- ⊚ Una vez se valide el código, aparecerá una ventana de confirmación y su eBook y audiolibro estará disponible **durante 1 año desde su activación** en la pestaña «Mis libros» en el menú de usuario.

---

* Los audiolibros están disponibles en las ediciones más recientes de nuestras obras. Se excluyen expresamente las colecciones «Códigos comentados», «Biblioteca digital» y los productos de www.vademecumlegal.es.

No se admitirá la devolución si el código promocional ha sido manipulado y/o utilizado.

¡Gracias por confiar en nosotros!

La obra que acaba de adquirir incluye de forma gratuita la versión electrónica.

Acceda a nuestra página web para aprovechar todas las funcionalidades de las que dispone en nuestro lector.

Funcionalidades eBook

Acceso desde cualquier dispositivo con conexión a internet

Idéntica visualización a la edición de papel

Navegación intuitiva

Tamaño del texto adaptable

TRANSPARENCIA Y FINANCIACIÓN DE LA ACTIVIDAD POLÍTICA

TRANSPARENCIA Y FINANCIACIÓN DE LA ACTIVIDAD POLÍTICA

Álvaro González-Juliana Muñoz

COLEX 2025

© Álvaro González-Juliana Muñoz

© Editorial Colex, S.L.
Calle Costa Rica, número 5, 3.º B (local comercial)
A Coruña, C.P. 15004
info@colex.es
www.colex.es

I.S.B.N.: 979-13-7011-425-1
Depósito legal: C 1757-2025
DOI: https://doi.org/10.69592/979-13-7011-425-1

A mi pequeña familia

SUMARIO

CAPÍTULO TERCERO
LOS GRUPOS POLÍTICOS

CAPÍTULO CUARTO
LOS PARTIDOS POLÍTICOS

BIBLIOGRAFÍA

CAPÍTULO PRIMERO

LA TRANSPARENCIA Y SU APLICACIÓN A LAS FORMACIONES POLÍTICAS

1. Una primera aproximación a la transparencia

La presente monografía se propone analizar la transparencia —y especialmente, en lo que concierne a la financiación— de los partidos y su expresión institucional a través de los grupos parlamentarios y políticos.

Antes de abordar el régimen jurídico concreto de transparencia aplicable a cada una de estas entidades, resulta necesario aproximarse previamente a la propia noción de transparencia. Incluso dentro del ámbito jurídico, el concepto de transparencia se emplea para designar realidades diversas y se proyecta sobre distintas disciplinas jurídicas —no solo el Derecho administrativo, sino también el Derecho financiero, o el Derecho de sociedades, entre otros—.

Ahora bien, pese a su carácter transversal y sin perjuicio de su evidente conexión con otros conceptos jurídicos —como la publicidad, la motivación de los actos administrativos, el acceso a la información o el gobierno abierto, del que suele considerarse parte integrante[1]—, la doctrina no suele ofrecer una definición precisa de transparencia[2] o, al menos, una definición general y unánimemente aceptada. Nos encontramos, por tanto, ante una noción de contornos difusos —que incluso ha llegado a calificarse como una «nebulosa conceptual»[3]—, caracterizada por su flexibilidad, polisemia y capacidad de adaptación a múltiples contextos[4]. Puede describir tanto un proceso de toma de decisiones como un método de trabajo interno o incluso un resultado[5].

---

1   Véase RUBIO NÚÑEZ, Rafel, «Gobierno abierto», en PENDÁS, Benigno (Ed.), *Enciclopedia de las Ciencias Morales y Políticas para el siglo XXI*, Madrid: Real Academia de Ciencias Morales y Políticas – Boletín Oficial del Estado, 2020, p. 271; MONTERO CARO, María Dolores, *Democracia en transición: una agenda para su regeneración*, Madrid: Dykinson, 2023, p. 92.

2   Véase LAURENT, Sébastien-Yves, *État secret, État clandestin: essai sur la transparence démocratique*, París: Gallimard, 2024, p. 138; HOOD, Christopher, «Transparency», en CLARKE, Paul Barrry; FOWERAKER, Joe (Eds.), *Encyclopedia of Democratic Thought*, Londres: Routledge, 2001, p. 704.

3   PÉREZ CONCHILLO, Eloísa, *Transparencia y derecho de acceso a la información pública: configuración y naturaleza constitucional*, Cizur Menor: Aranzadi, 2023, p. 37.

4   Véase BLASCO DÍAZ, José Luis, «El sentido de la transparencia administrativa y su concreción legislativa», en GARCÍA MACHO, Ricardo (Coord.), *Derecho administrativo de la información y administración transparente*, Madrid: Marcial Pons, 2010, p. 126.

5   Véase BARNES, Javier, «Procedimientos administrativos y nuevos modelos de gobierno. Algunas consecuencias sobre la transparencia», GARCÍA MACHO, Ricardo (Coord.), *Derecho ad-*

En este sentido, y no sin cierta ironía, podría afirmarse que la transparencia es, en sí misma, un concepto poco transparente[6].

Ante esta dificultad conceptual, resulta especialmente interesante acudir a algunas referencias clásicas que sintetizan la esencia misma de esta institución administrativa. Entre ellas, seguramente una de las más citadas por quienes estudian esta materia pertenece al juez de la Corte Suprema de los Estados Unidos Louis BRANDEIS —aunque cuando la formuló todavía no había sido nombrado para ese cargo—. BRANDEIS sostuvo que «la luz del sol es el mejor de los desinfectantes»[7]. Curiosamente, el contexto en el que se formuló esta célebre frase no guarda relación directa con el control político o la fiscalización de la Administración. Con esta frase, BRANDEIS quería promover la regulación del mercado bancario, defendiendo que la imposición de obligaciones de transparencia constituía una forma de poner fin a la forma en que los bancos, utilizando el dinero de los depósitos, explotaban el control crediticio para obtener grandes beneficios en detrimento de la competencia y del control de las entidades públicas. La cita alude,

---

ministrativo de la información y administración transparente, Madrid: Marcial Pons, 2010, p. 51.

6   Véase CHEVALIER, Jacques, «Le mythe de la transparence administrative», en *Information et transparence administratives*, París: PUF, 1988, p. 25; DRAÏ, Raphaël, «Transparence et démocratie sont-elles vraiment compatibles?», en DROIN, Nathalie; FOREY, Elsa (Dirs.), *La transparence en politique*, París: LGDJ-Institut Universitaire Varenne, 2013, p. 24.

7   BRANDEIS, Louis D, «What publicity can do?», *Harper's Weekly*, 20 de diciembre de 1913, p. 10. La cita original es «*Publicity is justly commended as a remedy for a social and industrial diseases. Sunlight is said to be the best of disinfectants; electric light the most efficient policeman*».

pues, a una forma de abuso de poder, aunque en este caso de carácter privado[8].

Junto con la célebre frase de BRANDEIS, otras dos suelen completar el podio de las más citadas, alcanzando un estatus cuasi obligatorio en cualquier reflexión sobre la transparencia. La primera pertenece a BOBBIO, que definía el gobierno democrático como «el gobierno del poder público en público»[9]. La segunda proviene del diputado italiano TURATTI, que afirmaba que cuando «un interés público superior no imponga un secreto momentáneo, la casa de la Administración deberá ser de cristal»[10].

A partir de estas tres afirmaciones se perfila el imaginario contemporáneo en torno al concepto de transparencia, en la medida en que de ellas se desprende una concepción de la transparencia como un proceso de apertura del funcionamiento de la Administración hacia

---

8   FIDALGO DE FREITAS, Tiago, «A dimensão constitucional da transparência administrativa», en XAVIER, Rita, et al. (Coords.), *Constitucionalismo e (Con)temporaneidade. Estudos em homenagem ao Professor Doutor Manuel Alfonso Vaz*, Oporto: Universidade Católica Editora, p. 208.

9   BOBBIO, Norberto, «La democrazia e il potere invisibile», Il futuro de della democrazia, Turín: Einaudi, 1984, p. 76. La cita original es *«il governo del potere pubblico in pubblico»*.

10   TURATTI, Filippo, *Atti del Parlamento italiano. Camera dei Deputatti*, sess.1904-1908, 17 de junio 1908, *«Dove un superiore, pubblico interesse non imponga un segreto momentaneo, la casa dell'Amministrazione dovrebb'essere di vetro»*.
     La metáfora de la *«casa di vetro»* sería utilizada años más tarde, en el marco académico, por ESPOSITO con el mismo propósito: reflejar la exigencia de una mayor apertura de la Administración hacia los ciudadanos (ESPOSITO, Carlo, «Riforma dell'amministrazione e diritti costituzionali dei cittadini», *La Costituzione italiana: saggi*, Padua: Cedam, 1956, p. 257).

la ciudadanía[11]. En ese sentido, proyectan una idea de cómo debería ser la Administración pública o, en un sentido más amplio, el conjunto de los poderes públicos. Se trataría, por tanto, de una aspiración, un ideal o un objetivo, habida cuenta de que el poder público —al igual que las organizaciones en general, incluidos los partidos políticos— tiende a desenvolverse con mayor comodidad (y eficacia) en la opacidad, lejos del escrutinio ciudadano[12]. En consecuencia, la transparencia no constituye una propiedad natural o inherente de la Administración: no brota espontáneamente del Estado democrático moderno[13], sino que es el resultado de una conquista jurídica y política[14]. Y así lo demuestra la experiencia histórica, pues desde sus orígenes hasta

---

11 Véase ARENA, Gregorio, «Transparencia administrativa y democracia», *Revista Vasca de Administración Pública*, n.º 37, 1993, p. 9.

12 En este sentido, escribía BOTERO que «no hay nada más necesario para quien trata asuntos importantes, ya sea de paz o de guerra, que el secreto. Facilita la ejecución de planes y la realización de empresas que, de llevarse a cabo abiertamente, encontrarían numerosos y graves obstáculos» (BOTERO, Giovanni, *De la raison d'État* [1589-1598], París: Gallimard, 2014, p. 132). En la misma línea, WEBER sostuvo que «toda burocracia procura incrementar esta superioridad del saber profesional (propio) por medio del secreto de sus conocimientos e intenciones. El gobierno burocrático es, por su misma tendencia, un gobierno que excluye la publicidad. La burocracia oculta en la medida de lo posible su saber y su actividad frente a la crítica» (WEBER, Max, *Economía y Sociedad*, México: Fondo de Cultura Económica, 1969, p. 744).

13 FENSTER, Mark, «The Transparency Fix Advocating Legal Rights and Their Alternatives in the Pursuit of a Visible State», *University of Pittsburgh Law Review*, vol. 73, 2012, p. 446.

14 Véase SÁNCHEZ MORÓN, Miguel, «El derecho de acceso a la información en materia de medio ambiente», *Revista de Administración Pública*, n.º 137, 1995, p. 31.

la aprobación de la Constitución de 1978, la regla del secreto ha sido la pauta dominante en la Administración pública española[15].

En efecto, la Constitución española de 1978 supuso una ruptura deliberada con la prolongada tradición de secreto administrativo que había caracterizado a las Administraciones anteriores y, de forma pionera, estableció en su artículo 105.b) que la ley deberá regular «el acceso de los ciudadanos a los archivos y registros administrativos, salvo en lo que afecte a la seguridad y defensa del Estado, la averiguación de los delitos y la intimidad de las personas».

Aunque la Constitución no contiene una referencia expresa al principio de transparencia, tanto la doctrina como la jurisprudencia han interpretado que el artículo 105.b) incorpora dicho principio al ordenamiento jurídico español[16]. En este sentido, el Tribunal Supremo ha señalado que «el denominador común de los tres supuestos contemplados en el artículo 105 consiste en la participación ciudadana y en la transparencia de la estructura burocrática»[17]. Esta afirmación se refiere, efectivamente, al conjunto de los tres apartados del precepto; no obstante, no cabe duda de que es el apartado b) el que refleja con mayor claridad e intensidad el

---

15   Véase VILLORIA MENDIETA, Manuel, *La publicidad activa en la Ley de transparencia, acceso a la información y buen gobierno: posibilidades e insuficiencias*, Barcelona: Generalitat de Catalunya, 2014, p. 13.

16   Véase MESTRE DELGADO, Juan Francisco, «Artículo 105», en RODRÍGUEZ-PIÑERO BRAVO-FERRER, Miguel; CASAS BAAMONDE, María Emilia (Dirs.), *Comentarios a la Constitución Española*, Tomo II, Madrid: Boletín Oficial del Estado, 2018, p. 494.

17   STS de 4 de julio de 1987 (ECLI:ES:TS:1987:11517).

principio de transparencia[18]. Así lo ha reconocido posteriormente el propio Tribunal Supremo al afirmar que «el derecho de acceso a los registros y documentos administrativos constituye un derecho de los ciudadanos, de los llamados de tercera generación. Está enraizado en el principio de transparencia administrativa, el cual responde a una nueva estructuración de las relaciones entre la Administración y los ciudadanos»[19].

Ahora bien, el principio de transparencia no recibió un desarrollo legislativo hasta la aprobación de la Ley 30/1992, de Régimen Jurídico de las Administraciones Públicas y del Procedimiento Administrativo Común (LRJPAC), cuyo artículo 37 regulaba el derecho de los ciudadanos a acceder a los «archivos y registros administrativos». Sin embargo, durante la vigencia de dicho precepto, el derecho de acceso apenas tuvo una aplicación práctica real. Con todo, la mayor parte de la doctrina criticó este artículo por su deficiente técnica normativa, su carácter excesivamente restrictivo y la ausencia de una regulación adecuada de los aspectos procedimentales, organizativos y de tutela necesarios para garantizar un ejercicio pleno y efectivo de este derecho[20].

---

18 El artículo 105 de la Constitución establece que «La ley regulará: a) La audiencia de los ciudadanos, directamente o a través de las organizaciones y asociaciones reconocidas por la ley, en el procedimiento de elaboración de las disposiciones administrativas que les afecten; b) El acceso de los ciudadanos a los archivos y registros administrativos, salvo en lo que afecte a la seguridad y defensa del Estado, la averiguación de los delitos y la intimidad de las personas; c) El procedimiento a través del cual deben producirse los actos administrativos, garantizando, cuando proceda, la audiencia del interesado».

19 STS de 14 de noviembre de 2000 (ECLI:ES:TS:2000:8241).

20 Véase **MIR PUIGPELAT**, Oriol, *Transparencia y procedimiento administrativo. El derecho de acceso al expediente y su cone-*

En cuanto a su ámbito subjetivo de aplicación, el derecho de acceso previsto en la LRJPAC se limitaba exclusivamente a las Administraciones públicas. Quedaban, por tanto, excluidos los partidos políticos, las entidades privadas del sector público, los sujetos privados que ejercían funciones públicas y, asimismo, los demás poderes públicos distintos del Ejecutivo —como las Cortes Generales o el Defensor del Pueblo—.

El cambio de paradigma en materia de transparencia se produjo con la aprobación de la Ley 19/2013, de 9 de diciembre, de transparencia, acceso a la información pública y buen gobierno (LTBG), así como de las leyes autonómicas que la han desarrollado. Este nuevo marco normativo supuso un avance sustancial respecto del régimen anterior, tanto por el objeto del derecho —la información pública—, de alcance mucho más amplio que el previsto en la LRJPAC; como por la creación de autoridades independientes y especializadas encargadas de garantizar su cumplimiento —el Consejo de Transparencia y Buen Gobierno (CTBG) y sus homólogos autonómicos— y, especialmente, por la ampliación de su ámbito subjetivo de aplicación, que deja de circunscribirse a las Administraciones públicas e incluye también a entidades de naturaleza privada, entre ellas a los partidos políticos.

La transparencia de la actividad pública que la LTBG pretende garantizar se articula en torno a dos grandes pilares, que responden a planteamientos y dinámicas diferentes: la publicidad activa y el derecho de acceso a la información pública.

La publicidad activa implica la obligación de la Administración y de los demás sujetos comprendidos en el

---

xión con el derecho de acceso a la información pública, Cizur Menor: Civitas, 2019, p. 30.

ámbito de aplicación de la LTBG de publicar, de manera proactiva, la información relevante para asegurar la transparencia de su actuación y, en todo caso, aquella que la propia ley determina expresamente, con el objetivo de posibilitar a la ciudadanía el derecho a la participación y al control de los asuntos públicos[21].

Por su parte, el derecho de acceso a la información pública se configura como un derecho subjetivo de carácter universal, reconocido a todas las personas, que permite solicitar y obtener la información que obre en poder de las Administraciones y de los restantes sujetos obligados.

Atendiendo, pues, a los dos mecanismos a través de los cuales la LTBG articula la transparencia —la publicidad activa y el derecho de acceso a la información—, resulta pertinente acudir a la definición ofrecida por el Diccionario panhispánico del español jurídico, según la cual la transparencia es la «obligación de las administraciones públicas y otras entidades públicas y privadas, como los partidos políticos o las entidades subvencionadas, de dar a conocer periódicamente los datos más relevantes de su actividad, con los elementos económicos y presupuestarios correspondientes, así como facilitar a las personas el acceso a la información pública contenida en documentos y archivos que aquellas custodian».

Esta definición pone de relieve, en lo que aquí especialmente interesa, la relevancia de la transparencia de los partidos políticos y, dentro de ella, la atención prioritaria al ámbito económico. Este es, precisamente, el propósito de la presente monografía: analizar el régi-

---

21   Criterio interpretativo CTBG 2/2019, de 20 de diciembre de 2019.

men jurídico de la transparencia aplicable a los partidos políticos y su expresión institucional —los grupos parlamentarios y los grupos políticos—, con particular referencia a su financiación.

2. Las funciones de la transparencia

Desde hace décadas, se afirma que la transparencia es consustancial a la democracia[22]. Uno de los criterios fundamentales que permite distinguir a los regímenes democráticos de los autoritarios radica, precisamente, en la distinta relación que mantienen con el secreto y la publicidad[23], considerándose que, en un Estado democrático de Derecho, la regla general debe ser la publicidad de la actuación pública[24]. Así, se considera que, para que una sociedad permanezca libre y democrática, resulta imprescindible que los ciudadanos puedan acceder a la información pública[25].

---

22 Véase SAINZ MORENO, Fernando, «Secreto y transparencia», en Sainz Moreno, Fernando (Dir.), *Estudios para la reforma de la Administración pública*, Madrid: Instituto Nacional de Administración Pública, 2004, p. 165; BERMEJO VERA, José, «El secreto en las Administraciones públicas: principios básicos y regulaciones específicas del Ordenamiento jurídico español», *Revista Española de Derecho Administrativo*, n.º 57, 1988, p. 17; CASTELLÀ ANDREU, Josep María, *Los derechos constitucionales de participación política en la Administración Pública: un estudio del artículo 105 de la Constitución*, Barcelona: Cedecs, Barcelona, 2001, p. 262.

23 Véase CORSO, Guido, «Potere politico e segreto», en MERLONI, Francesco (Ed.), *La trasparenza amministrativa*, Milán: Giuffrè, 2008, p. 277.

24 Véase VILLAVERDE MENÉNDEZ, Ignacio, *Los derechos del público*, Madrid: Tecnos, 1997, p. 118.

25 Véase REY MARTÍNEZ, Fernando, «Derecho de acceso a la información y secretos oficiales en el ordenamiento español», *Cua-*

La transparencia se configura, por tanto, como un requisito esencial de la democracia, en la medida en que esta se sustenta en el debate público[26]. Participar en ese debate exige, de forma ineludible, que los ciudadanos dispongan de la información necesaria para formular juicios razonados sobre las decisiones de la Administración[27].

Por otra parte, un sistema democrático sólido no solo requiere la confianza popular en el momento de elegir a los gobernantes, sino también el mantenimiento constante de esa fiducia a lo largo del tiempo[28]. Tal confianza demanda que los ciudadanos puedan conocer la información que la Administración dispone sobre los asuntos públicos, como expresión del principio de soberanía popular, conforme al cual el pueblo —y no el Gobierno— es el verdadero titular del poder[29]. Esta exigencia de rendición de cuentas por parte del poder público no es

---

dernos Manuel Giménez Abad, n.º 5, 2013, p. 193, que sostiene que en nuestro país «no hemos tenido nunca una cultura de la transparencia, a pesar de que, como es notorio, la democracia perece detrás de las puertas cerradas».

26   Véase DEBBASCH, Charles; COLIN, Frédéric, Administration publique, París: Economica, 2005, p. 1009.

27   Véase LASSERRE, Bruno; LENOIR, Noëlle; STIRN, Bernard, La transparence administrative, París: PUF, 1987, p. 55.

28   Véase GARCÍA DE ENTERRÍA, Eduardo, Democracia, jueces y control de la Administración, Cizur Menor: Civitas, 2009, p. 119.

29   Véase, por ilustrativo, el Texas Government Code, Title 5, Subtitle A. Open Government. Chapter 552 Public information. 552.00, Policy, que establece que «under the fundamental philosophy of the American constitutional form of representative government that adheres to the principle that government is the servant and not the master of the people it is the policy of this state that each person is entitled, unless otherwise expressly provided by law, at all times to complete information about the affairs of government (...)».

ajena a la tradición constitucional europea: ya en el artículo 15 de la Declaración de los Derechos del Hombre y del Ciudadano de 1789 se proclamaba que «la sociedad tiene derecho a pedir cuentas a todo agente público de su administración».

Por su evidente conexión con el sistema democrático, la transparencia cumple múltiples funciones. Se ha señalado, en este sentido, que constituye un instrumento que fomenta la participación de la ciudadanía en los asuntos públicos[30] —al convertir a los ciudadanos en actores y no meros espectadores de la vida política[31]—, que contribuye a recuperar la confianza ciudadana en las instituciones[32] —reduciendo la brecha existente entre los ciudadanos y sus representantes[33] y favoreciendo, con ello, una implementación más efectiva de

---

30 Véase BARNES, Javier, «Una reflexión introductoria sobre el Derecho administrativo y la Administración pública de la sociedad de la información y del conocimiento», *Revista Andaluza de Administración Pública*, n.º 40, 2000, pp. 58-59; PALMER, Stephanie, «Freedom of Information: new proposals», en BEATSON, Jack; CRIPPS, Yvonne (Eds.), *Freedom of Expression and Information. Essays in honour of Sir David Williams*, Oxford: Oxford University Press, 2000, p. 253.

31 Véase DEBBASCH, Charles, «Introduction», *La transparence administrative en Europe*, París: Éditions du Centre National de la Recherche Scientifique, 1990, p. 12

32 Véase BROWN, A.J; VANDEKERCKHOVE, Wim; DREYFUSS, Suelette, «The Relationship between Transparency, Whistleblowing and Public Trust», en ALA'I, Padideh; VAUGHN, Robert G (Eds.), *Research Handbook on Transparency*, Cheltenham: Edward Elgar Publishing, 2014, p. 30.

33 Véase BOVENS, Mark, «Public accountability», en EWAN, Ferlie; LYNN, Laurence E; POLLITT, Christopher (Eds.), *The Oxford handbook of public management*, Oxford: Oxford University Press, 2005, p. 193.

las políticas públicas[34]—, y que refuerza las posibilidades de defensa de los ciudadanos frente a la Administración. Asimismo, la transparencia actúa como un mecanismo de prevención —o, al menos de desincentivo— de la corrupción[35], en la medida en que permite a la ciudadanía asumir un papel de supervisión sobre la actuación administrativa[36]. Esta vigilancia social genera, por sí sola, un estímulo adicional para que la Administración pública y sus responsables actúen conforme a la legalidad[37].

En particular, entre las diversas funciones que puede desplegar la transparencia, la LTBG la concibe fundamentalmente como un instrumento de control y fiscalización ciudadana, orientado a facilitar la rendición de cuentas de los responsables públicos. Su principal finalidad consiste en establecer un nuevo marco de relación entre los ciudadanos y los poderes públicos, basado en el conocimiento público de su actuación y de la gestión

---

34   Véase ACKERMAN, John M; SANDOVAL-BALLESTEROS, Irma E, «The global explosion of freedom of information laws», *Administrative Law Review*, vol. 58, 2006, p. 92.

35   Véase CERRILLO i MARTÍNEZ, Agustí «Transparencia administrativa y lucha contra la corrupción en la Administración local», *Anuario del Gobierno Local*, n.º 1, 2011, p. 279.

36   Véase LIMA DE ARRUDA, Carmen Silvia, *O Princípio da Transparência*, São Paulo: Quartier Latin, 2020, p. 52; HILLIARD, Nadia, «Monitoring the U.S executive branch and out. The Freedom of Information Act, inspectors general and the paradoxes of transparency», en POZEN, David E; SCHUDSON, Michael (Eds.), *Troubling transparency*, Nueva York: Columbia University Press, 2018, p. 182.

37   Véase VILLORIA MENDIETA, Manuel, «Transparencia y rendición de cuentas», en LLERA RAMO, Francisco José (Coord.), *Desafección política y regeneración democrática en la España actual: diagnósticos y propuestas*, Madrid: Centro de Estudios Políticos y Constitucionales, 2016, p. 283.

de los recursos, que permita una efectiva rendición de cuentas. Así lo destaca el propio preámbulo de la LTBG al afirmar que la norma pretende garantizar que los ciudadanos puedan conocer cómo se toman las decisiones, cómo se gestionan los fondos públicos y bajo qué criterios actúan las instituciones.

Esta interpretación ha sido reiteradamente confirmada por el CTBG, que en diversas resoluciones ha señalado que la finalidad de la LTBG es «el control de la actuación y de las decisiones de los poderes públicos por parte de los ciudadanos»[38], es decir, permitirles «saber cómo actúan los poderes públicos y cómo se gastan los fondos públicos»[39], o, en definitiva, facilitar «la rendición de cuentas de las decisiones públicas»[40].

En efecto, la transparencia permite que la ciudadanía disponga de la información necesaria para ejercer un control de legalidad y oportunidad sobre la gestión de los asuntos públicos que contribuye a la formación de una opinión crítica respecto de la actuación de sus representantes. Así, la transparencia no se limita a facilitar la detección de irregularidades o malas prácticas en la gestión pública, sino que se configura también como un instrumento esencial para la rendición de cuentas.

La doctrina distingue habitualmente dos formas de rendición de cuentas: la horizontal y la vertical. La primera se vincula estrechamente con el adecuado funcionamiento del sistema de frenos y contrapesos *(checks and balances)*, esto es, con la existencia de órganos

---

38   Resolución CTBG 825/2020, de 1 de marzo de 2021.

39   Resolución CTBG 204/2020, de 9 de julio de 2020.

40   Resolución CTBG 728/2018, de 1 de marzo de 2019.

independientes encargados de controlar y, en su caso, sancionar las actuaciones contrarias al Derecho por parte de otras instituciones u órganos del Estado. Esta forma de rendición de cuentas responde, en definitiva, al principio de equilibrio entre los poderes públicos.

Por su parte, la rendición de cuentas vertical se configura como una relación entre gobernantes y gobernados, que se manifiesta principalmente a través de los procesos electorales[41]. Las elecciones constituyen, en este sentido, el mecanismo más evidente de control ciudadano sobre la gestión pública, en la medida en que permiten realizar un control retrospectivo de la gestión desempeñada por los representantes decidiendo sobre su continuidad o relevo[42]. Resulta evidente, sin embargo, que para que dicho control electoral sea efectivo, es imprescindible que la ciudadanía disponga de información suficiente sobre los asuntos públicos, pues sin información, no es posible ejercer una fiscalización real[43]. De ahí que la transparencia administrativa se erija en un presupuesto necesario para que los electores puedan tomar decisiones fundamentadas respecto del sentido de su voto.

---

41 Véase O' DONNELL, Guillermo, «Horizontal accountability in new democracies», en SCHEDLER, Andreas; DIAMOND, Larry; PLATTNER, Marc (Eds.), *The self-restraining state: Power and accountability in new democracies*, Londres: Lynne Rienner Publishers, 1999, pp. 32 y ss.

42 Véase WENCES, Isabel, «Cultura de la legalidad y rendición de cuentas social», en VILLORIA MENDIETA, Manuel; WENCES, Isabel (Coords.), *Cultura de la legalidad: instituciones, procesos y estructuras*, Madrid: Los Libros de la Catarata, 2010, p. 73.

43 Véase BIRKINSHAW, Patrick, «Freedom of Information and Openness: Fundamental Human Rights», *Administrative Law Journal Review*, vol. 58, 2006, p. 194.

Ahora bien, esta afirmación parte de una concepción racional del comportamiento electoral, según la cual los ciudadanos evalúan el desempeño de los gobiernos y ajustan su voto en consecuencia, premiando o castigando su actuación. En la práctica, no obstante, la decisión política de cada individuo no depende exclusivamente de la gestión gubernamental, sino que también está condicionada por factores ideológicos, económicos o personales que escapan a una lógica puramente racional. En este contexto, cabe señalar la existencia de perfiles de votantes que tienden a minimizar la relevancia de la información sobre la gestión pública en su decisión electoral. Es el caso del llamado *elector devoto*, caracterizado por una fidelidad inquebrantable a una determinada formación política, independientemente de su desempeño en el ejercicio del poder[44]. Esta figura resulta

---

44 Mario CACIAGLI, recogiendo una tipología ya formulada por PARISI y PASQUINO [«Relazione partiti-elettori e tipi di voto», en PARISI, Arturo; PASQUINO, Gianfranco (Eds.), *Continuità e mutamento elettorale in Italia*, Bolonia: Il Mulino, 1977], identifica tres grandes tipos de votantes: el voto de pertenencia, el voto de intercambio y el voto de opinión. El voto de pertenencia —basado en la adscripción a una clase, a un territorio, o a una ideología— es un voto fiel y estable en el tiempo, incluso a lo largo de generaciones. Correspondería a lo que puede denominarse un *elector devoto*, cuya decisión electoral responde más a lealtades profundas que a valoraciones racionales sobre la gestión gubernamental. El voto de intercambio se basa en la expectativa de obtener beneficios o favores concretos por parte del candidato o del partido: se trata un «voto clientelar». Por último, el voto de opinión es el emitido por electores suficientemente informados, que toman su decisión (y la modifican) en función de la oferta política existente, representando así la figura del *elector racional* (CACIAGLI, Mario, «La importancia de las elecciones para la democracia desde un punto de vista comparado», en MOLINS, Joaquim; OÑATE, Pablo (Eds.), *Elecciones y comportamiento*

especialmente visible en contextos marcados por la corrupción, donde, pese a la existencia de información clara sobre prácticas ilícitas, estos votantes mantienen su apoyo electoral al partido con el que se identifican ideológicamente[45].

A pesar de ello, la información sigue desempeñando un papel esencial. Solo a través de un conocimiento adecuado de las actuaciones gubernamentales puede la ciudadanía ejercer un control informado y participar de manera efectiva en los asuntos públicos[46].

En síntesis, la transparencia no solo facilita el acceso a la información, sino que constituye una condición necesaria para que el electorado pueda evaluar la idoneidad y eficacia de los gobiernos y, en consecuencia, tomar decisiones informadas sobre a quién debe conferirse el poder político en el futuro.

---

electoral en la España multinivel, Madrid: Centro de Investigaciones Sociológicas, 2006, p. 17).

45 Como sostiene BETANCOR, «la sociedad no es un laboratorio ni los ciudadanos son científicos condicionados por la exigencia de objetividad», por lo que «no existe una correspondencia entre los hechos que resultan de la información y las consecuencias políticas, como, por ejemplo, las electorales». A modo de ejemplo, señala que los casos de corrupción, por lo general, tienen un coste electoral relativamente bajo (BETANCOR RODRÍGUEZ, Andrés, «Corrupción: concepto, tipos, perjuicios, causas, consecuencias, reacciones y autoridades», en BETANCOR RODRÍGUEZ, Andrés (Dir.), Corrupción, corrosión del Estado de Derecho, Cizur Menor: Civitas, 2017, p. 97).

46 Véase REY MARTÍNEZ, Fernando, «El derecho de acceso a la información pública a la luz del derecho constitucional», en RUBIO LLORENTE, Francisco; JIMÉNEZ CAMPO, Javier, et al. (Coords.) La Constitución política de España: estudios en homenaje a Manuel Aragón Reyes, Madrid: Centro de Estudios Políticos y Constitucionales, 2016, p. 808.

3. El ámbito subjetivo de la Ley de transparencia y las formaciones políticas

Con el objetivo de lograr una efectiva rendición de cuentas a la ciudadanía, la LTBG ha extendido su ámbito de aplicación más allá de los poderes públicos, incluyendo a entidades privadas que participan en el ejercicio de tareas públicas, reciben fondos públicos o tienen una posición de relevancia constitucional. En este contexto se sitúan los partidos políticos cuya incorporación expresa en el ámbito de aplicación de la LTBG responde a la necesidad de reforzar la confianza ciudadana en unas entidades que son fundamentales para el funcionamiento del sistema democrático. La transparencia de los partidos políticos permite a la ciudadanía conocer mejor las distintas opciones políticas, fiscalizar su actuación —especialmente en materia de financiación— y ejercer un control político más informado y responsable.

En concreto, el artículo 3.a) LTBG incluye expresamente a los partidos políticos, a los que impone únicamente algunas obligaciones en materia de publicidad activa y, por tanto, no los somete a las disposiciones reguladoras del derecho de acceso a la información pública.

Por su parte, los grupos parlamentarios y los grupos políticos no están incluidos en el ámbito subjetivo de la LTBG, lo que implica que no están sometidos ni a las obligaciones de publicidad activa ni son sujetos pasivos del derecho de acceso a la información pública. Ello no significa, sin embargo, que la información relativa a estas entidades permanezca (ni deba permanecer) ajena al escrutinio público. Serán las entidades en las que se integran —los Parlamentos y las Entidades Locales— las que deben cumplir con las obligaciones de transparencia que, como se verá, incluyen también determinados aspectos relacionados con sus grupos institucionales. Así, deben publicar proactivamente cierta información sobre sus grupos institucionales y atender las solicitudes de acceso a la información que obren en su poder y se refieran a dichos grupos.

Como se verá, cada una de estas entidades dispone de un régimen de transparencia específico. Por ello, el segundo capítulo se dedicará al análisis de los grupos parlamentarios, el tercero a los grupos políticos y el cuarto a los partidos políticos.

CAPÍTULO SEGUNDO

LOS GRUPOS PARLAMENTARIOS

1. La necesidad de transparencia de las subvenciones a los grupos parlamentarios

La transparencia adquiere una especial relevancia en las subvenciones que reciben los grupos parlamentarios por varias razones. Entre ellas, *(i)* porque se trata de una de las fuentes de financiación de los partidos políticos, *(ii)* por la propia actividad subvencionada —facilitar la participación de los parlamentarios en las actividades de las Cámaras— directamente relacionada con el sistema democrático, *(iii)* por sus importes elevados, cuya determinación depende, en cierto modo, de los propios beneficiarios, y *(iv)* por su exigua regulación prevista en los Reglamentos parlamentarios del Congreso de los Diputados (RC) y del Senado (RS) que, como veremos más adelante, no determina los gastos subvencionables ni prevé una efectiva actividad de control sobre el destino de los fondos públicos recibidos.

A lo largo de este capítulo estudiaremos los aspectos esenciales del régimen jurídico de estas subvenciones, con especial énfasis en la actividad de control sobre la utilización de los fondos públicos que reciben los grupos parlamentarios.

Como veremos, la escasa actividad de control de estas subvenciones por parte de las Cámaras parlamentarias sirve de base —o de excusa— para mantener fuera del escrutinio público la gestión de estos recursos públicos. Esta falta de control pone de relieve la importancia de la transparencia como instrumento necesario para que la ciudadanía pueda formar una opinión crítica informada sobre la utilización de los recursos públicos por parte de los grupos parlamentarios. Supervisión ciudadana que no se debe limitar a un control de legalidad, sino que también debe abarcar la oportunidad y eficiencia en la gestión de los asuntos públicos[47].

2. El régimen jurídico de las subvenciones a los grupos parlamentarios

2.1. Los grupos parlamentarios y la finalidad de la subvención

De sobra es conocido que, en la actualidad, los grupos parlamentarios[48], como trasunto de los partidos

---

47 Como sostiene la Resolución 51/2016, de 14 de septiembre, de la Comisión de Garantía del Derecho de Acceso a la Información Pública de Cataluña, «el nuevo régimen de transparencia y acceso a la información pública tiene, precisamente, esta finalidad: la de garantizar no solo la legalidad sino la idoneidad y oportunidad de las actuaciones públicas».

48 Sobre la naturaleza jurídica de los grupos parlamentarios, véase SAINZ ARNAIZ, Alejandro, *Los grupos parlamentarios,* Ma-

políticos en las asambleas legislativas, son los auténticos protagonistas de la vida parlamentaria[49].

Los reglamentos parlamentarios otorgan a los grupos parlamentarios unas funciones vitales para el desarrollo de las actividades parlamentarias, ya que participan en la iniciativa legislativa[50], determinan la composición de las comisiones y de la Diputación Permanente[51], y a través de sus portavoces, forman parte de uno de los órganos más importantes de la Cámaras parlamentarias: la Junta de Portavoces. Aunque la Mesa es el órgano rector de la Cámara[52], la Junta de Portavoces es, de facto, el órgano de dirección política. Es en ella donde se establece la conexión con el Gobierno y

---

drid: Congreso de los Diputados, 1989; PÉREZ-SERRANO JÁUREGUI, Nicolás, *Los grupos parlamentarios*, Madrid: Tecnos, 1989; MORALES ARROYO, José María, *Los grupos parlamentarios en las Cortes Generales*, Madrid: Centro de Estudios Políticos y Constitucionales, 1990; SANZ PÉREZ, Ángel, «La naturaleza jurídica de los grupos parlamentarios: una aproximación al proceso de juridificación de los grupos parlamentarios», *Corts: Anuario de Derecho Parlamentario*, n.º 10, 2001; CID VILLAGRASA, Blanca, «Naturaleza jurídica de los grupos parlamentarios: el grupo parlamentario como titular de derechos y obligaciones», *Asamblea: Revista Parlamentaria de la Asamblea de Madrid*, n.º 1, 2011.

49   Véase SANTAOLALLA LÓPEZ, Fernando, *Derecho parlamentario español*, Madrid: Dykinson, 2019, p. 161; PAUNER CHULVI, Cristina, «El estatuto de los parlamentarios en un contexto multinivel: las relaciones entre parlamentarios, grupos y partidos», *Revista de Derecho Político*, n.º 78, 2010, p. 219; ARÉVALO GUTIÉRREZ, Alfonso, «La configuración estructural de los grupos parlamentarios a tenor de la jurisprudencia del Tribunal Constitucional», *Asamblea: Revista Parlamentaria de la Asamblea de Madrid*, n.º 1, 2007, p. 487.

50   Artículos 126 RC y 108 RS.

51   Artículos 40 y 56 RC y 51 y 45 RS.

52   Artículos 30 RC y 35 RS.

donde se decide lo que va a ser políticamente la vida de la Cámara: la fijación del orden del día[53].

En atención a la relevancia de sus funciones, los reglamentos parlamentarios prevén la concesión de una subvención a los grupos parlamentarios de cada una de las Cámaras. Aunque los reglamentos no especifican la finalidad que persiguen, el Tribunal Constitucional ha sostenido que «resulta evidente que la finalidad de las diversas clases de subvenciones establecidas en beneficio de los grupos parlamentarios, no es otra que la de facilitar la participación de sus miembros en el ejercicio de las funciones institucionales de la Cámara a la que pertenecen, para lo cual se dota a los grupos en que los diputados por imperativo reglamentario, han de integrarse, de los recursos económicos necesarios»[54].

2.2. Marco normativo de la subvención

Las subvenciones que reciben los grupos parlamentarios están previstas en los Reglamentos de las Cámaras parlamentarias.

El artículo 34 RS establece que el Senado facilitará a los grupos parlamentarios una subvención cuya cuantía se fijará en función del número de sus componentes y, además, un complemento fijo igual para todos.

Por su parte, el artículo 28.1 RC regula con un poco más de detalle estas ayudas a los grupos parlamentarios al disponer que el Congreso pondrá a disposición de los grupos parlamentarios locales y medios materiales suficientes y les asignará, con cargo a su presu-

---

53   Artículos 67 RC y 44 RS.

54   STC 214/1990, de 20 de diciembre (ECLI:ES:TC:1990:214); STC 15/1992, de 10 de febrero (ECLI:ES:TC:1992:15).

puesto, una subvención fija idéntica para todos y otra variable en función del número de diputados de cada uno de ellos. Las cuantías se fijarán por la Mesa de la Cámara dentro de los límites de la correspondiente consignación presupuestaria. Además, el artículo 28.2 RC añade una obligación a los grupos parlamentarios no prevista en el RS: el deber de llevar una contabilidad específica de la subvención, que pondrán a disposición de la Mesa del Congreso siempre que ésta lo pida.

Como se observa, el régimen jurídico de estas ayudas, previsto en los reglamentos parlamentarios, es bastante parco. Y esta falta de regulación se agudiza debido a que el artículo 4.d) de la Ley General de Subvenciones (LGS)[55] excluye de su ámbito de aplicación a las subvenciones que reciben los grupos parlamentarios.

Para un sector doctrinal, la exclusión del artículo 4.d) LGS se fundamenta en la consideración de que las ayudas a los grupos parlamentarios no son verdaderas subvenciones[56], mientras que otros autores sostienen que esta exclusión se debe únicamente a puras razones de oportunidad o de política legislativa[57].

Sin embargo, en nuestra opinión, las subvenciones a los grupos parlamentarios son auténticas subvencio-

---

55   Ley 38/2003, de 17 de noviembre, General de Subvenciones.

56   FERNÁNDEZ FARRERES, Germán, «El concepto de subvención y los ámbitos objetivo y subjetivo de aplicación de la Ley», en FERNÁNDEZ FARRERES, Germán (Coord.). *Comentarios a la Ley General de Subvenciones*, Madrid: Civitas, 2005, p. 44.

57   DÍAZ LEMA, José Manuel, «Concepto de subvención y ámbito de aplicación de la Ley 38/2003, de 17 de noviembre», *Justicia Administrativa*, n.º 27, 2005, 20; PASCUAL GARCÍA, José, *Las subvenciones públicas*, Madrid: Boletín Oficial del Estado, 2005, p. 55.

nes al concurrir las notas características de la subvención previstas en el artículo 2.1 LGS[58]. El artículo 4.d) LGS las excluye de su ámbito de aplicación porque, en efecto, las considera subvenciones, a diferencia del artículo 2.4 LGS que recoge una serie de supuestos que «no tienen el carácter de subvención», en el que no se encuentran, lógicamente, las subvenciones a los grupos parlamentarios.

2.3. Las cuantías de la subvención

De acuerdo con los artículos 28.1 RC y 34 RS, la subvención a los grupos parlamentarios se compone de dos elementos: uno variable, en función del número de miembros, y otro fijo, igual para todos los grupos. Las cuantías de ambos elementos se fijan por la Mesa de la Cámara, que es el órgano concedente, dentro de los límites de la correspondiente asignación presupuestaria[59].

---

58   Véase GONZÁLEZ-JULIANA MUÑOZ, Álvaro, «Las subvenciones a los grupos políticos en las asambleas legislativas españolas», *Revista Digital de Derecho Administrativo*, n.º 11, 2014, p. 81 y ss.

59   En la actualidad, en el Congreso de los Diputados, la cuantía fija para cada grupo parlamentario es de 30.346,72 euros mensuales, y la variable es de 1.746,16 euros mensuales por cada parlamentario. En el caso del Senado, cada grupo parlamentario recibe como parte fija 15.732,00 euros mensuales, mientras que la cuantía variable por cada senador asciende a 1.966,50 euros mensuales.
Desde el año 2023 y hasta la actualidad —debido a la prórroga presupuestaria—, el presupuesto del Congreso de los Diputados se ha mantenido en 110.421.300 euros, de los cuales 11.183.200 euros se han destinado a subvenciones a los grupos parlamentarios. En el caso del Senado, el presupuesto correspondiente a 2023 —igualmente prorrogado— ascendió a 64.136.450 euros, de los cuales se destinó 7.551.360 euros a

El establecimiento de un componente fijo puede considerarse que deriva del principio de igualdad de todos los grupos parlamentarios que recoge el artículo 29 RC, de tal modo que constituye los recursos mínimos que la Cámara considera necesarios para que todos los grupos, con independencia de su tamaño, puedan desarrollar sus actividades parlamentarias.

Si la subvención a los grupos parlamentarios se concede para facilitar la participación de sus miembros en las actividades parlamentarias, el componente variable se justifica, al menos en términos teóricos, en la idea de que el funcionamiento de un grupo parlamentario que tiene más diputados o senadores incurre en mayores gastos que otro grupo parlamentario que cuenta con menos representantes.

No obstante, no vemos de forma clara que a mayor número de representantes correspondan necesariamente mayores gastos de funcionamiento. Al contrario, puede sostenerse que un grupo parlamentario que tiene más miembros puede llevar a cabo una mejor distribución del trabajo parlamentario y, por ello, incurriría en menores gastos, por ejemplo, porque necesitaría un menor número de personal asesor y de apoyo.

Así, si atendemos a la finalidad de la subvención, el componente variable debería seguir un criterio de proporcionalidad decreciente, a diferencia del criterio actual, según el cual los grupos parlamentarios que tienen más miembros reciben una mayor financiación.

---

subvenciones a los grupos parlamentarios. Esta información puede consultarse en: https://www.senado.es/web/relacionesciudadanos/transparencia/index.html (fecha de consulta: 1 de septiembre de 2025) y https://www.congreso.es/es/cem/infeco (fecha de consulta: 1 de septiembre de 2025).

2.4. El control de la subvención

La finalidad de la subvención es facilitar la participación de los diputados y senadores en el ejercicio de las funciones institucionales de la Cámara a la que pertenecen, de tal modo que los fondos públicos deberían destinarse a financiar gastos directamente relacionados con el funcionamiento del grupo parlamentario, como pueden ser, por ejemplo, los gastos en material de oficina, la contratación de personal asesor y de apoyo, o algunos gastos de representación.

Dado el carácter finalista de la subvención, cada Cámara parlamentaria debería llevar a cabo una actividad de control sobre el destino dado a los fondos públicos recibidos, de tal modo que, si no se emplean para sufragar gastos relacionados con la actividad parlamentaria, se proceda a su devolución. Esta actividad de control puede inferirse del artículo 28.1 RC, que establece que los grupos parlamentarios deben llevar una contabilidad específica de la subvención, que pondrán a disposición de la Mesa del Congreso siempre que ésta lo pida. En todo caso, aunque no esté prevista expresamente en los reglamentos parlamentarios, como así ocurre en el caso del Senado, debemos entender que la actividad de control es inherente a la propia institución de la subvención[60].

Sin embargo, la realidad demuestra que el Congreso de los Diputados y el Senado no ejercen un control sobre estas subvenciones. En todo caso, el control de estas subvenciones presenta algunas dificultades.

---

60 Véase STSJ de Canarias de 23 de abril de 2009 (ECLI:ES:TS-JICAN:2009:1581), «partiendo de que la naturaleza misma de la subvención lleva inserta la obligación de ser justificada por parte del beneficiario (...)».

En primer lugar, debido a que los artículos 28 RC y 34 RS no hacen ninguna mención a las actividades que pueden satisfacerse con la subvención que reciben, lo que exige que la Cámara valore caso por caso si el gasto en el que ha incurrido el grupo parlamentario puede considerarse como necesario para llevar a cabo la actividad que se subvenciona.

En segundo lugar, debe destacarse que el artículo 2.1.e) Ley Orgánica de financiación de partidos políticos (LOFPP)[61] permite que los grupos parlamentarios puedan realizar aportaciones al partido político con el que se identifican ideológicamente. Esta posibilidad resulta criticable, fundamentalmente, porque desnaturaliza la afectación de la subvención, al permitir que los fondos públicos no se dediquen íntegramente al fin perseguido por la subvención[62].

De hecho, el Tribunal de Cuentas, hace ya unos años, sostuvo que pese que a que las aportaciones de los grupos parlamentarios a los partidos políticos puedan responder como contrapartida a una asistencia técnica recibida de los servicios de la correspondiente formación política, «se considera conveniente que cada subvención se aplique estrictamente a la finalidad para la que ha sido concedida y que su presupuestación responda a una evaluación de todos los costes de la actividad a subvencionar»[63]. Recientemente, en el Informe de fisca-

---

61   Ley Orgánica 8/2007, sobre financiación de partidos políticos.

62   Véase PRESNO LINERA, Miguel Ángel, «Supresión, como recursos de los partidos políticos, de las subvenciones recibidas por los grupos parlamentarios», *Debates constitucionales*, n.º 6, 2004, p. 2.

63   TRIBUNAL DE CUENTAS, *Moción aprobada el 30 de octubre de 2001 relativa a la modificación de la normativa sobre financiación y fiscalización de los partidos políticos*, p. 8.

lización de las cuentas anuales de los partidos políticos de los ejercicios 2018 y 2019, publicado en 2023, el Tribunal de Cuentas recomienda que los reglamentos parlamentarios establezcan las condiciones y requisitos para que los grupos parlamentarios puedan efectuar aportaciones a los partidos políticos que, en todo caso, deben responder a la finalidad de la dotación económica que reciben. Además, el Tribunal de Cuentas sugiere que las relaciones de colaboración entre las formaciones políticas y los grupos parlamentarios se formalicen mediante convenios en los que se recojan los servicios que la formación política se compromete a prestar, incluyendo una valoración económica de los mismos[64].

Finalmente, debe notarse que el 28.2 RC no determina qué características debe tener la contabilidad de los grupos, más allá de que esta deba ser «específica de la subvención». Como sostuvo el Consejo de Estado hace ya unos años, la contabilidad de los grupos parlamentarios debe reflejar una «imagen fiel de la aplicación dada a las subvenciones por los grupos en las actividades que les son propias», de tal forma que «todo asiento contable se encuentre documentalmente respaldado de modo suficiente y adecuado a la naturaleza del gasto y al carácter de fondos públicos que las subvenciones revisten»[65].

Como establece el artículo 28.2 RC los grupos parlamentarios deben entregar la contabilidad específica de la subvención únicamente cuando la Mesa de la Cámara la solicite. Esta discrecionalidad, que posibilita el artículo 28.2 RC para solicitar o no la contabilidad de la subvención

---

64 TRIBUNAL DE CUENTAS, *Informe de fiscalización de las cuentas anuales de los partidos políticos de los ejercicios 2018 y 2019*, p. 527.

65 Dictamen del Consejo de Estado de 21 de enero de 1993, número de expediente 1768/1992.

a los grupos parlamentarios, ha permitido que, al menos en las legislaturas más recientes, la Mesa del Congreso no haya cursado dicha solicitud, como hemos comprobado.

En el Senado, el artículo 34 RS no prevé que los grupos parlamentarios deban presentar la contabilidad de la subvención ante la Mesa de la Cámara ni ante otro órgano del Senado.

Ante la falta de previsión reglamentaria, los portavoces de los grupos parlamentarios del Senado adoptaron en 2018 un acuerdo unánime que presentaron a la Mesa del Senado por el que se comprometían, en virtud del principio de transparencia, a publicar los aspectos organizativos y la actividad económico-financiera de los grupos parlamentarios. La parte más relevante del acuerdo se refiere a la publicidad de las cuentas anuales que, según el propio texto, tienen por finalidad ofrecer una imagen fiel de la actividad económico-financiera desarrollada por los grupos parlamentarios en el ejercicio al que se refieran y de la situación financiera y patrimonial al final del ejercicio en cuestión. Además, el acuerdo establece que, junto con las cuentas anuales, se acompañará un anexo de información complementaria según el modelo que recoge el propio acuerdo, y que permite un cierto desglose, aunque bastante genérico, sobre el destino dado a los fondos públicos recibidos. En todo caso, debe notarse que se trata de un acuerdo voluntario firmado por los portavoces de los grupos parlamentarios, por lo que el Senado, como institución, únicamente se limita a facilitar la publicidad de las referidas cuentas anuales mediante su publicación en la página web de la Cámara. Se trata, por lo tanto, de una información voluntaria[66].

---

66 CTBG, *Informe de evaluación sobre el cumplimiento de las obligaciones de publicidad activa del Senado*, Madrid, 2021, p. 8.

Así pues, los grupos parlamentarios elaboran sus cuentas anuales que facilitan al Senado a los únicos efectos de su publicación en la página web de la Cámara, es decir, sin que en ese proceso sean sometidas a control o fiscalización de ningún tipo ni por la Mesa ni por la Intervención de la Secretaría General de la Cámara.

El examen del anexo de información complementaria que acompaña a las cuentas anuales permite extraer algunos datos de interés. La información que contiene puede clasificarse en tres grandes apartados, que hacen referencia a *(i)* los gastos de personal, que incluye los sueldos y salarios del personal contratado por el grupo parlamentario, los gastos de Seguridad Social, así como indemnizaciones y otros gastos sociales (formación, acción social, etc.); *(ii)* los gastos de la actividad que no están incluidos en el gasto de personal, que comprenden, entre otros, los servicios de profesionales, transportes, servicios bancarios, publicidad, periódicos y libros, y gastos de material de oficina; y *(iii)* las aportaciones de los grupos parlamentarios a los partidos políticos, que difícilmente pueden considerarse un gasto, pese a que algunos grupos parlamentarios justifiquen el trasvase de fondos al partido político como contraprestación genérica por un servicio de asesoría técnica.

Debe tenerse en cuenta que tanto en el grupo mixto como en otros grupos parlamentarios que tienen miembros procedentes de diferentes partidos, cada uno de ellos presenta su propio anexo de información complementaria. Así, por ejemplo, con relación a las cuentas anuales del ejercicio 2022, en el Grupo Parlamentario Democrático, Ciudadanos, la Agrupación de electores Teruel Existe y el Partido Regionalista de Cantabria presentaron cada uno de ellos, de forma independiente, su propio documento de información complementaria respecto de la parte que les corresponde de la subvención que recibe el grupo parlamentario, al igual que ha ocurrido con el Grupo Parlamentario Mixto, que conformaban senadores de Vox, Partido Aragonés y Unión del Pueblo Navarro.

Pues bien, como decíamos, el primer apartado del anexo informativo se refiere a los gastos del personal. Algunos grupos parlamentarios dedican una parte relevante de la subvención a satisfacer estos gastos. Es el caso, por ejemplo, del Grupo Parlamentario Popular, que en 2022 dedicó más de un millón y medio de euros a gastos de personal —lo que representó algo más del sesenta por ciento de la subvención— porcentaje que se ha incrementado ligeramente en los ejercicios 2023 y 2024 hasta superar el sesenta y ocho por ciento de la subvención. Por su parte, el Grupo Parlamentario Socialista destinó en 2022 alrededor de los novecientos mil euros a esta partida, equivalente a algo más de un treinta por ciento de la subvención, porcentaje que redujo en 2023 y que en 2024 no superó los ochocientos mil euros.

Esta partida incluye los sueldos y salarios, así como los gastos de Seguridad Social, de los asesores políticos de los grupos parlamentarios. La utilización de la subvención para la contratación del personal asesor, siempre que su remuneración y número sean razonables, es acorde con la finalidad de la ayuda. En cambio, resulta criticable que se destine parte de la subvención a complementar la retribución de los diputados y senadores. Así, ocurre, en algunos casos, especialmente con los parlamentarios que forman parte de las cúpulas directivas de las formaciones políticas, tal y como demuestran las propias declaraciones sobre actividades y bienes que los diputados y senadores están obligados a presentar ante la Cámara respectiva[67]. De hecho, en el ámbito local, el artículo 73.3 de la Ley de Bases del Régimen Local (LBRL)[68] prohíbe que los fondos de la dotación económica que reciben los grupos políticos locales, que tienen igualmente como finalidad la de subvenir a sus gastos de funcionamiento[69], se destinen al pago de remuneraciones de personal de cualquier tipo al servicio de la Corporación local, entre los que se encuentran los propios concejales, como así confirmó el Tribunal Supremo[70]. Debe decirse, no obstante, que, en la práctica, la posibilidad de trasvasar los fondos de la subvención al partido político permite fácilmente burlar la prohibición de complementar la remuneración de los ediles con la dotación económica de los grupos políticos.

En el extremo opuesto se encuentran los grupos parlamentarios que no consignan gasto alguno en concepto de personal. Tal fue el caso, en el ejercicio 2022, del Grupo Parlamentario Democrático —integrado por Ciudadanos, la Agrupación de electores Teruel Existe y Partido Regionalista de Cantabria—, actualmente inexistente en la presente legislatura. Del mismo modo, ni el Grupo Parlamentario Vasco (EAJ-PNV) ni el Grupo Parlamentario Izquierdas por la Independencia —formado Esquerra Republicana y Euskal Herria Bildu— reflejan gastos de personal en los ejercicios 2022, 2023 y 2024.

---

67 Artículos 18 RC, 26 RS y 167.1 y 167.2 de la Ley orgánica 5/1985, de 19 de junio, del Régimen Electoral General.

68 Ley 7/1985, de 2 de abril, Reguladora de las Bases del Régimen Local.

69 Sentencia del Tribunal de Cuentas 18/2011, de 19 de diciembre, FD 10.

70 STS de 3 de julio de 2012 (ECLI:ES:TS:2012:5493).

Debe destacarse que, en aquellos grupos parlamentarios que no disponen de personal contratado, las aportaciones efectuadas a los partidos políticos adquieren una relevancia significativa, llegando a absorber prácticamente la totalidad de la subvención recibida.

Entre ellos, sobresale el Grupo Parlamentario de Izquierdas por la Independencia —integrado por Esquerra Republicana y Euskal Herria Bildu—, que en el ejercicio 2024 transfirió a sus partidos el 99,99 % de la subvención, tras registrar un único gasto de 39,75 euros, porcentaje que mantuvo invariable en los ejercicios 2023 y 2022.

En una situación análoga se encuentra el Grupo Parlamentario Vasco (EAJ-PNV), que en 2022 destinó al partido el 99,13 % de la subvención, dedicando el restante 0,87 % a gastos de prensa, relaciones públicas y material de oficina; proporción que en los ejercicios 2023 y 2024 se mantuvo igualmente por encima del noventa y nueve por ciento de la subvención.

Algo similar ocurrió en 2022 con el desaparecido Grupo Parlamentario Democrático, cuyas cuentas reflejan que tanto Ciudadanos como Teruel Existe apenas registraron gastos —limitados a amortizaciones y comisiones bancarias—, aportando a sus respectivas formaciones políticas prácticamente la totalidad de la parte que les correspondía de la subvención percibida por el grupo: en ambos casos superaban el noventa y nueve por ciento de la subvención.

En todo caso, los dos grupos parlamentarios más numerosos —Popular y Socialista— también realizan transferencias significativas a sus respectivos partidos políticos. En 2022, el Grupo Parlamentario Popular destinó al partido 850.000 euros, lo que representó aproximadamente el treinta por ciento de la subvención, cantidad que mantuvo en 2023 y que, en 2024, redujo a

600.000 euros, equivalentes a alrededor del veinticuatro por ciento de la subvención parlamentaria.

Por su parte, el Grupo Parlamentario Socialista transfirió en 2022 más de un millón y medio de euros, equivalentes a cerca del sesenta por ciento de la subvención, cifra que se elevó a dos millones en 2023 y que, en 2024, se situó en torno a un millón doscientos cincuenta mil euros, manteniendo un porcentaje similar de aportación.

En resumen, los grupos parlamentarios reciben una importante financiación pública que deben emplear para cubrir sus gastos de funcionamiento. Sin embargo, ni el Congreso de los Diputados ni el Senado —a través de las Mesas o de la Intervención de la Secretaría General de cada Cámara— realizan ninguna actuación de control o fiscalización sobre el destino dado a los fondos públicos recibidos.

3. La transparencia y el control ciudadano de las subvenciones a los grupos parlamentarios

Ante la ausencia de una actividad de control por parte de las Cámaras sobre el destino de las subvenciones que reciben los grupos parlamentarios, cabe preguntarse si la ciudadanía, a través de la LTBG, puede ejercer un control social sobre dichas subvenciones.

Los grupos parlamentarios, a diferencia de los partidos políticos, no están incluidos dentro del ámbito subjetivo de aplicación de la LTBG, lo que determina que no tienen obligaciones de transparencia para con la ciudadanía: ni están obligados por las reglas de publicidad activa ni son sujetos pasivos del derecho de acceso a la información pública.

Por el contrario, el artículo 2.1.f) LTBG sí que incluye como sujetos obligados por la norma al Congreso de los Diputados y al Senado, pero únicamente con relación a sus actividades sujetas a Derecho administrativo. Así, las Cámaras parlamentarias están sujetas tanto a las reglas de publicidad activa previstas en el capítulo II de la norma —salvo aquellas expresamente dirigidas a las Administraciones públicas— como a las disposiciones reguladoras del derecho de acceso a la información pública, en ambos casos, limitado a la actividad administrativa que desarrollan.

Cabe, pues, averiguar si, y en qué medida, la LTBG posibilita que la ciudadanía pueda conocer —y, por ende, controlar— el destino dado a las subvenciones percibidas por los grupos parlamentarios.

3.1. Publicidad activa

Dentro de las obligaciones de publicidad activa, el artículo 8.1.c) LTBG impone al Congreso de los Diputados y al Senado la obligación de publicar en la página web de la institución «las subvenciones y ayudas públicas concedidas con indicación de su importe, objetivo o finalidad y beneficiarios».

Podría plantearse la duda de si este artículo 8.1.c) LTBG afecta a las subvenciones a los grupos parlamentarios en la medida en que estas ayudas están excluidas del ámbito de aplicación de la LGS. La respuesta es claramente afirmativa, por dos razones.

En primer lugar, porque las ayudas que reciben los grupos parlamentarios son auténticas subvenciones al estar presentes las notas características del concepto legal de subvención que recoge el artículo 2.1 LGS, pese a que el artículo 4.d) LGS las excluya del ámbito de aplicación de la norma.

En segundo lugar, porque la noción de subvenciones y ayudas públicas del artículo 8.c) LTBG no tiene necesariamente que coincidir con el concepto legal de subvención previsto en la LGS. De hecho, en el anteproyecto de la LTBG, el artículo 7.c) establecía que se entendían incluidas en el precepto las subvenciones y ayudas reguladas en la LGS, referencia que finalmente desapareció tras la aprobación de una enmienda propuesta por el Grupo Parlamentario de Unión Progreso y Democracia que, precisamente, justificaba su supresión para evitar los problemas de interpretación acerca de si las subvenciones a las que se refería el precepto eran únicamente las reguladas en la LGS o, por el contrario, cualesquiera otras ayudas públicas, incluidas las subvenciones a los grupos parlamentarios[71]. Así pues, no cabe duda de que el artículo 8.c) LTBG obliga a las Cámaras parlamentarias a publicar las subvenciones que reciben los grupos parlamentarios[72].

Sin embargo, la mera publicación por el Congreso de los Diputados y por el Senado de los importes de la subvención que conceden a los grupos parlamentarios es insuficiente para lograr la finalidad perseguida por la transparencia: el control sobre la gestión de los recursos públicos y la rendición de cuentas a la ciudadanía.

3.2. Derecho de acceso a la información

Dado que la publicación de las subvenciones que reciben los grupos parlamentarios no permite conocer el destino dado a los fondos públicos recibidos, la cues-

---

71   Enmienda n.º 324, *Boletín Oficial de las Cortes Generales*, Congreso de los Diputados, Serie A, n.º 19-3, de 2 de julio de 2013, p. 170.

72   Véase VILLORIA MENDIETA, Manuel, *La publicidad activa, op. cit.* p. 35.

tión que se plantea es si a través del derecho de acceso a la información puede conocerse los gastos financiados con la subvención que permita una rendición de cuentas.

La aplicación de la LTBG al Congreso de los Diputados y al Senado presenta algunas particulares, que inciden en el acceso a la información sobre estas subvenciones, y que se concretan en dos aspectos principales: *(i)* las obligaciones de transparencia afectan únicamente a las actividades que las Cámaras parlamentarias llevan a cabo con sujeción al Derecho administrativo; y *(ii)* contra las resoluciones dictadas por las Cámaras parlamentarias en materia de acceso a la información no cabe interponer reclamación ante el CTBG[73].

En realidad, el régimen de trasparencia del Congreso de los Diputados y del Senado se completa con una tercera nota característica *(iii)*, prevista en la disposición adicional octava de la LTBG, en virtud de la cual la concreta aplicación de la LTBG a las instituciones parlamentarias se regula mediante las normas de adaptación dictadas por cada Cámara.

Dichas normas de adaptación podrían establecer expresamente que la información relativa a estas subvenciones tiene carácter de información pública o, incluso, configurarla como materia de publicidad activa. En todo caso, como se verá a continuación, el acceso a la información sobre la subvención no requiere tal reconocimiento expreso, ya que se trata de información que obra en poder de las Cámaras en el ejercicio de una actividad sujeta a Derecho administrativo.

---

73   Véase GONZÁLEZ-JULIANA MUÑOZ, Álvaro, «Los parlamentos en la Ley de transparencia», *Revista Jurídica de Castilla y León*, n.º 61, 2024.

3.2.1. Las actividades sujetas a Derecho administrativo

El artículo 2.1 LTBG recoge el ámbito subjetivo de aplicación de la norma, enumerando los parlamentos en la letra f). En efecto, este precepto establece que las disposiciones del Título I de la LTBG se aplican a «La Casa de su Majestad el Rey, el Congreso de los Diputados, el Senado, el Tribunal Constitucional y el Consejo General del Poder Judicial, así como el Banco de España, el Consejo de Estado, el Defensor del Pueblo, el Tribunal de Cuentas, el Consejo Económico y Social y las instituciones autonómicas análogas, en relación con sus actividades sujetas a Derecho administrativo».

La LTBG sigue el criterio previsto en el Convenio del Consejo de Europa sobre el Acceso a los Documentos Públicos, que incluye dentro de su ámbito de aplicación «a los organismos legislativos y autoridades judiciales, en cuanto realizan funciones administrativas según la normativa nacional propia»; si bien el propio Convenio permite extender su aplicación «en lo que concierne al resto de sus actividades»[74].

En consecuencia, la solución adoptada por la LTBG no resulta inusual en el derecho comparado. Así, en Portugal, la Ley de Acceso a los Documentos Administrativos (LADA) únicamente permite el acceso a los documentos de la Asamblea de la República que se relacionan con la actividad administrativa del Parlamento, lo que

---

74 Artículos 1.2.a).i).2 y 1.2.a).ii).1 del del Convenio del Consejo de Europa sobre el acceso a los documentos públicos, hecho en Tromsø, el 18 de junio de 2009. Este Convenio entró en vigor el 1 de diciembre de 2020. La firma del Convenio por parte de España se produjo el 23 de noviembre de 2021, previa autorización del Consejo de Ministros de 6 de julio de 2021, y se ha ratificado el 27 de setiembre de 2023.

excluye del ámbito de aplicación de la LADA el acceso a los documentos legislativos o de naturaleza política[75].

En cambio, en otros países, como Francia, los documentos de las asambleas parlamentarias permanecen completamente fuera del ámbito del derecho de acceso a la información[76].

A tenor del artículo 2.1.f) LTBG, la aplicación de la LTBG al Congreso de los Diputados, al Senado y a las instituciones autonómicas análogas, no afecta a toda la información que tienen en su poder, sino que se limita únicamente a aquellas actividades que llevan a cabo con sujeción al Derecho administrativo.

Esta referencia a las «actividades sujetas a Derecho administrativo» para delimitar la sujeción del Congreso y del Senado a la LTBG parte, lógicamente, de la base de que las Cámaras parlamentarias, además de las funciones parlamentarias derivadas de su naturaleza constitucional, ejercen también funciones materialmente administrativas sujetas a Derecho administrativo.

Por lo tanto, el criterio legal utilizado por el artículo 2.1.f) LTBG para someter al Congreso de los Diputados y al Senado a la normativa de transparencia nos obliga a definir el ámbito concreto de las funciones administrativas que desarrollan las Cámaras parlamentarias.

---

75 Artículos 3.1.a) y 4.1.a) de la da Lei n.º 26/2016, de 22 de agosto, que aprova o regime de acesso à informação administrativa e ambiental e de reutilização de documentos administrativos, transpondo a Diretiva 2003/4/CE, do Parlamento Europeu e do Conselho, de 28 de janeiro, e a Diretiva 2003/98/CE, do Parlamento Europeu e do Conselho, de 17 de novembro.

76 Artículo L300-2 du Code des relations entre le public et l'administration (Livre III. L'accès aux documents administratifs et la réutilisation des informations publiques.

A este respecto cabe señalar que, ni la LTBG, ni las normas de adaptación de la LTBG dictadas por el Congreso de los Diputados y por el Senado delimitan el ámbito concreto de las actividades que los órganos parlamentarios realizan con sujeción al Derecho administrativo. Tampoco podemos acudir a la doctrina del CTBG para dilucidar cuáles son esas actividades administrativas, ya que, como hemos avanzado, no cabe interponer reclamación ante el órgano de garantía de la transparencia contra las resoluciones dictadas por Congreso de los Diputados y por el Senado en materia de acceso a la información.

Lo que no cabe duda es de la existencia de una actividad administrativa en las Cámaras parlamentarias[77], pues como ya afirmó el Tribunal Supremo, «hay en el (poder) legislativo actos de administración ajenos al contenido específico de sus soberanas funciones legislativas»[78].

En efecto, para el desarrollo de las funciones constitucionales encomendadas, el Congreso de los Diputados y el Senado, al igual que los parlamentos autonómicos, necesitan realizar una serie de actividades de carácter instrumental, como son la selección de personal, la celebración de contratos o la gestión de su propio patrimonio. Estas actividades auxiliares de las Cámaras parlamentarias comportan «una propia y genuina actividad administrativa»[79], que se rige por el Derecho administrativo y cuyo control se atribuye a la

---

77 Véase PASCUA MATEO, Fabio, *Fuentes y control del derecho parlamentario y de la administración parlamentaria*, Madrid: Centro de Estudios Políticos y Constitucionales, 2014, pp. 145-147.

78 ATS de 18 de febrero de 1987 (ECLI:ES:TS:1987:147A).

79 STS de 27 de noviembre de 2009 (ECLI:ES:TS:2009:7515).

jurisdicción contencioso-administrativa, al no existir, en el ejercicio de estas funciones instrumentales, diferencias sustanciales con la actividad que desarrolla la Administración pública[80].

Así, la expresión «actividades sujetas a Derecho administrativo» que emplea el artículo 2.1.f) LTBG debe conectarse necesariamente con el artículo 1.3.a) de la Ley reguladora de la Jurisdicción Contencioso-Administrativa[81], que reconoce la competencia del orden contencioso-administrativo para conocer de los actos y disposiciones en materia de personal, administración y gestión patrimonial sujetos al derecho público adoptados por los órganos competentes del Congreso de los Diputados y del Senado. Así lo reconoce, de hecho, la Mesa del Congreso al resolver sobre distintas solicitudes de información[82], postura que ha confirmado el Tribunal Supremo[83].

De este modo, el artículo 2.1.f) LTBG tiene como propósito limitar la transparencia de las Cámaras parlamentarias a las actividades instrumentales que desarrollan en materia de personal, contratación y gestión patrimonial, dejando al margen las actividades típicas del Congreso de los Diputados y del Senado, que son propias del Derecho parlamentario. La función legis-

---

80   MOREU CARBONELL, Elisa, «Artículo 1», en EZQUERRA HUERVA, Antonio, OLIVÁN DEL CACHO, Javier (Dirs.), *Comentarios a la Ley reguladora de la jurisdicción contencioso-administrativa*, Valencia: Tirant lo Blanch, 2021, p. 97.

81   Ley 29/1998, de 13 de julio, reguladora de la Jurisdicción Contencioso-administrativa.

82   Entre otras, Resolución de la Mesa del Congreso de los Diputados, de 3 de noviembre de 2020.

83   STS de 21 de abril de 2023 (ECLI:ES:TS:2023:1648).

lativa y el control al Gobierno permanecerían, por lo tanto, al margen de la transparencia.

Pues bien, la cuestión que se plantea es si el acceso a la documentación aportada por los grupos parlamentarios a la Cámara para justificar la subvención recibida es una actividad sujeta a Derecho administrativo. La respuesta no es del todo clara.

Algunos autores sostienen que la información relativa a la concesión de las subvenciones a los grupos parlamentarios no encaja dentro de las actividades de las Cámaras parlamentarias sujetas a Derecho administrativo[84]. El fundamento que sustentaría esta posición doctrinal parte de que estas subvenciones, reguladas por los reglamentos parlamentarios, están excluidas del ámbito de aplicación de la LGS, lo que supone «desplazar su ámbito de sujeción a la esfera propia del Derecho parlamentario»[85]. La sujeción al Derecho parlamentario daría lugar a que las Cámaras parlamentarias no estuvieran obligadas a facilitar la documentación que eventualmente los grupos parlamentarios hayan aportado para justificar la subvención.

En nuestra opinión, la concesión de subvenciones por las Cámaras parlamentarias es una actividad admi-

---

84 RIDAO, Joan, «La financiación de los grupos parlamentarios y su adecuación a los actuales requerimientos de transparencia y rendición de cuentas», en *Los grupos parlamentarios: evolución y perspectivas de futuro. Seminario celebrado en* Seminario celebrado en Vitoria-Gasteiz los días 24 y 25 de enero de 2022, Vitoria: Parlamento Vasco, 2022, p. 236; NAVARRO MÉNDEZ, Ignacio, «El control de las subvenciones concedidas por las cámaras legislativas a los grupos parlamentarios», en PAU I VALL, Francesc; ORDOKI URDAZI, Luis (Coords.), *El Parlamento y los Tribunales de Justicia*, Madrid: Tecnos, 2017, p. 159.

85 NAVARRO MÉNDEZ, Ignacio, «El control, *op. cit*, p. 160.

nistrativa, tanto cuando se conceden subvenciones a otras entidades para fines diversos[86], como cuando se conceden a los grupos parlamentarios, con independencia de que la regulación principal de estas ayudas se encuentre en los reglamentos parlamentarios. La exclusión del ámbito de aplicación de la LGS no impide que las ayudas a los grupos parlamentarios sean auténticas subvenciones y que, por lo tanto, deba aplicarse la LGS con carácter analógico dada la limitada regulación contenida en los reglamentos parlamentarios.

De hecho, a la hora de resolver las solicitudes de acceso a la información que hemos formulado, las Cámaras parlamentarias reconocen que la concesión de las subvenciones a los grupos parlamentarios es una actividad sujeta a Derecho administrativo.

Así ha ocurrido de forma implícita en el caso del Congreso de los Diputados que, al responder a nuestra solicitud de información que interesaba el acceso a la documentación justificativa de la subvención aportada por los grupos parlamentarios, no ha objetado que se trate de una solicitud que recaiga fuera del ámbito del derecho de acceso a la información reconocido en la Cámara parlamentaria, como sí que ha manifestado en otras ocasiones ante solicitudes de contenido parlamentario[87].

---

86 Como, por ejemplo, la Asociación de exdiputados y exsenadores de las Cortes Generales, que recibe del Congreso de los Diputados una subvención para atender sus gastos de secretariado, o la Fundación contra el Terrorismo y la Violencia Alberto Jiménez-Becerril y la Fundación Mujeres, que reciben subvenciones del Senado.

87 A título de ejemplo, Resolución de la Dirección de Documentación, Biblioteca y Archivo del Congreso de los Diputados de 1 de abril de 2016 (acceso al informe de la Secretaría General sobre la capacidad legislativa del Parlamento cuando el Go-

En algunos parlamentos autonómicos, como la Asamblea de Madrid o las Cortes Valencianas, el reconocimiento es explícito, al calificar como administrativa —y no parlamentaria— la solicitud de acceso a la contabilidad de los grupos parlamentarios[88], o el acceso a los acuerdos de la Mesa que reducen las subvenciones a los grupos parlamentarios con motivo de la salida de algunos diputados a la situación de no adscritos[89].

Sin embargo, que la información sobre la subvención a los grupos parlamentarios encaje dentro de las actividades sujetas a Derecho administrativo no ha permitido acceder a la información justificativa de la subvención, ya que el Congreso de los Diputados y el Senado argumentan que no disponen de la información solicitada[90].

En efecto, el derecho de acceso exige que la información que se solicita esté en poder del sujeto obligado. Así lo establece el artículo 13 LTBG que define la información pública como «los contenidos o documentos, cualquiera que sea su formato o soporte, que obren en

---

bierno se encuentra en funciones); Resolución de la Dirección de Documentación, Biblioteca y Archivo del Congreso de los Diputados de 1 de marzo de 2016 (acceso a los informes de la Secretaría General sobre la formación de un grupo parlamentario); o Resolución de la Secretaría General del Congreso de los Diputados de 30 de abril de 2015 (acceso a los documentos de un grupo de trabajo y de una comisión del Congreso de los Diputados).

88   Resoluciones de la Secretaría General de la Asamblea de Madrid de 22 de junio de 2022 y de 28 de febrero de 2020.

89   Resolución de 8 de julio de 2021, de la Presidente de la Oficina de Información de las Cortes Valencianas ejercida en virtud de la delegación conferida por el Letrado Mayor.

90   Resoluciones de la Secretaría General del Congreso de los Diputados de 18 de octubre de 2023 y de la Secretaría General del Senado de 17 de octubre de 2023.

poder de alguno de los sujetos incluidos en el ámbito de aplicación de este título y que hayan sido elaborados o adquiridos en el ejercicio de sus funciones».

De este modo, del artículo 13 LTBG se desprende que la información solicitada debe encontrarse en poder del sujeto obligado —el Congreso de los Diputados y el Senado— con anterioridad a la solicitud. Es decir, el concepto de información pública del artículo 13 LTBG requiere que, en el momento de la solicitud, la información exista y se encuentre en poder del sujeto obligado[91]. La existencia previa de la información solicitada resulta así, un elemento esencial para la efectividad del derecho de acceso, de tal modo que, en principio, la LTBG no ampara el derecho a obtener un documento expresamente elaborado para responder a la solicitud[92].

Ahora bien, debe notarse que el artículo 13 LTBG no alude a la posesión de la información por el sujeto obligado, sino que se refiere a la que «obra en su poder». El matiz es sustancial, ya que poseer y obrar en poder no son sinónimos.

La posesión es una noción que hace referencia a la disponibilidad material de la información: en nues-

---

91   Resoluciones CTBG 356/2022, de 13 de octubre de 2022; 290/2022, de 16 de septiembre de 2022; 279/2022, de 14 de septiembre de 2022; 178/2022, de 17 de agosto de 2022, entre otras muchas.

92   Resoluciones CTBG 276/2018, de 17 de julio de 2018; 277/2022, de 13 de septiembre de 2022, entre otras. La jurisprudencia, también sostiene que «el derecho a la información no puede ser confundido con el derecho a la confección de un informe por un órgano público a instancias de un particular». Véase SAN de 24 de enero de 2017 (ECLI:ES:AN:2017:75); SAN de 11 de septiembre de 2017 (ECLI:ES:AN:2017:3559); y SJCCA n.º 9, de 25 de abril de 2016 (ECLI:ES:AN:2016:5121).

tro caso se trata, pues, de aquella información que se encuentra en manos de las Cámaras parlamentarias. En cambio, el «obrar en poder» tiene un ámbito más amplio: alcanza a aquella información que, aunque no se posea materialmente, las Cámaras parlamentarias tienen la potestad o el poder jurídico para exigir que se le entregue. Así lo ha interpretado, respecto de la Administración pública catalana, la Comisión de Garantía del Derecho de Acceso a la Información Pública de Cataluña (GAIP) que, en varias de sus resoluciones, ha sostenido que la información en poder de la Administración «es un concepto más amplio que la posesión real, ya que incluye también la potencial, es decir, la información que la Administración tiene el poder de tener en sus manos (...) o la capacidad jurídica de requerirla a otras entidades obligadas jurídicamente a facilitarla»[93].

De esta forma, debe entenderse que la información sobre el destino dado a la subvención obra en poder del Congreso de los Diputados y del Senado en la medida en que disponen del poder jurídico para requerir su entrega. Así lo establece expresamente el artículo 28.1 RC cuando establece que los grupos parlamentarios deben poner a disposición de la Mesa del Congreso la contabilidad específica de la subvención siempre que ésta lo pida.

De hecho, en alguna resolución el Congreso de los Diputados reconoce el carácter obligatorio de realizar la contabilidad específica de la subvención, la competencia de la Mesa para reclamarla y la correlativa obligación de los grupos de ponérsela a dispo-

---

93   Resolución GAIP 51/2018, de 23 de marzo de 2018, entre otras.

sición[94]. El RS no contiene una previsión similar, pero igualmente debe entenderse que la Mesa del Senado, como órgano concedente, tiene el poder de requerir esta información a los grupos parlamentarios como parte indispensable de la actividad de control. Por ello, las obligaciones que recoge la LGS en los artículos 14.1.c) «someterse a las actuaciones de comprobación a efectuar por el órgano concedente (...)» y 14.1.g) «conservar los documentos justificativos de la aplicación de los fondos recibidos, incluidos los documentos electrónicos, en tanto puedan ser objeto de las actuaciones de comprobación y control», deberían aplicarse a los grupos parlamentarios, no por estar contenidas en la LGS, que no resulta de aplicación directa, sino porque son inherentes a la obligación de justificación de toda subvención.

En todo caso, no parece razonable que la falta de fiscalización de la subvención por parte de las Mesas de las Cámaras impida a la ciudadanía acceder a esta información. Al contrario, precisamente la ausencia de control por parte de las Cámaras parlamentarias enfatiza, aún más, la necesidad de transparencia de estas subvenciones con la finalidad de que la ciudadanía pueda controlar la legalidad y oportunidad del destino dado a los fondos públicos recibidos.

Sin embargo, como decíamos, en la práctica, cuando hemos pedido el acceso a la información sobre la gestión de la subvención por los grupos parlamentarios, tanto el Congreso de los Diputados como el Senado arguyen que no disponen de la información solicitada. Una falta de transparencia de la que adolecen, no solo estas subvenciones, sino también otro tipo de ayudas

---

94   Resolución de la Mesa del Congreso de los Diputados de 20 de junio de 2017.

que conceden las Cámaras parlamentarias, como la contratación de asistentes para los grupos parlamentarios[95] o la financiación de los desplazamientos de los diputados y senadores[96], ya que en ambos casos las Cámaras parlamentarias facilitan datos globales que no permiten una verdadera rendición de cuentas.

A continuación, analizamos las posibilidades de recurso contra estas resoluciones de las Cámaras parlamentarias.

3.2.2. La imposibilidad de reclamar ante el Consejo de Transparencia y Buen Gobierno

Una de las principales características del derecho de acceso a la información que reconoce la LTBG es la creación del CTBG como una autoridad administrativa independiente que actúa como garante de este derecho, permitiendo a los ciudadanos interponer ante este órgano una reclamación gratuita, con carácter potestativo y previo a su impugnación en vía contencioso-administrativa[97].

Sin embargo, contra las resoluciones que dictan los órganos competentes del Congreso de los Diputados y del Senado en materia de derecho de acceso a la información no cabe la presentación de la correspondiente reclamación ante el CTBG. Así lo establece el artículo 23.2 LTBG al disponer que contra las resoluciones dictadas por los órganos previstos en el artículo 2.1.f)

---

95 Resolución de la Mesa de la Diputación Permanente del Congreso de los Diputados de 28 de junio de 2016.

96 Resolución de la Mesa del Congreso de los Diputados de 20 de junio de 2017.

97 Véase el artículo 24 LTBG.

LTBG, entre los que se encuentran las Cámaras parlamentarias, solo cabe la interposición de recurso contencioso-administrativo, como ha recordado el CTBG al inadmitir las reclamaciones presentadas[98].

La razón de esta previsión debe buscarse en la autonomía parlamentaria que reconoce el artículo 72 de la Constitución, que impide que las Cámaras parlamentarias puedan estar vinculadas o subordinadas a un órgano externo de control administrativo como es el CTBG[99]. Esta es la posición que defendió el Consejo de Estado en su dictamen sobre el anteproyecto de la LTBG[100], y que un sector doctrinal considera razonable[101], aunque otros autores sostienen que la posibilidad de interponer la reclamación ante el CTBG no pone en riesgo la autonomía institucional de las Cámaras, debido a que el artículo 2.1.f) LTBG únicamente reconoce el acceso a la información sobre las actividades

---

98   Por ejemplo, en las Resoluciones CTBG 412/2018, de 19 de julio de 2018 (Senado); 713/2018, de 8 de enero de 2019 (Congreso de los Diputados), 318/2021, de 13 de julio de 2021 (Congreso de los Diputados).

99   Resolución de la Mesa del Congreso de los Diputados de 20 de junio de 2017.

100   Dictamen del Consejo de Estado de 19 de julio de 2012 (número de expediente 707/2012). Véase también MESEGUER YEBRA, Joaquín, «El procedimiento administrativo para el ejercicio del derecho de acceso a la información pública», *Revista Jurídica de Castilla y León*, n.º 33, 2014, pp. 30 y 31.

101   PALOMAR OLMEDA, Alberto, «El control judicial de las decisiones en materia de transparencia administrativa», en VALERO TORRIJOS, Julián; FERNÁNDEZ SALMERÓN, Manuel (Dirs.), *Régimen jurídico de la transparencia del sector público. Del derecho de acceso a la reutilización de la información.* Cizur Menor: Aranzadi, 2014, p. 511.

materialmente administrativas, dejando al margen la referida a sus funciones constitucionales[102].

Pues bien, ante la imposibilidad de acudir al CTBG, las normas de adaptación de la LTBG del Congreso de los Diputados y del Senado[103], cuyas disposiciones son las que ordenan el ejercicio del derecho de acceso a la información en el ámbito parlamentario, han establecido un recurso potestativo, previo a la vía contencioso-administrativa, que resuelve la Mesa de cada una de las Cámaras parlamentarias.

Aunque la idea presente sea la de evitar que el solicitante de la información tenga que acudir a los tribunales del orden contencioso-administrativo para la satisfacción de su derecho de acceso la información, con

---

102 SÁNCHEZ MORÓN, Miguel, «Nuevas garantías del Derecho administrativo», *Revista de Administración Pública*, n.º 194, 2014, p. 285; FERNÁNDEZ SALMERÓN, Manuel, «Procedimiento administrativo e información del sector público», en VALERO TORRIJOS, Julián; FERNÁNDEZ SALMERÓN, Manuel (Dirs.). *Régimen jurídico de la transparencia del sector público. Del derecho de acceso a la reutilización de la información*, Cizur Menor: Aranzadi, 2014, p. 320; FERNÁNDEZ RAMOS, Severiano, «La reclamación ante los órganos de garantía del derecho de acceso a la información pública», *Revista General de Derecho Administrativo*, n.º 45, 2017, p. 9.

103 Normas de la Mesa del Congreso de los Diputados, de 20 de enero de 2015, para la aplicación de las disposiciones de la Ley 19/2013, de 9 de diciembre, de transparencia, acceso a la información pública y buen gobierno a la Cámara, en relación con su actividad sujeta a derecho administrativo, *Boletín Oficial de las Cortes Generales*, Congreso de los Diputados, número 595, de 23 de enero de 2015; y Norma reguladora del derecho de acceso a la información pública del Senado, *Boletín Oficial de las Cortes Generales*, Senado, número 451, de 9 de diciembre de 2014.

los gastos económicos que conlleva[104], este recurso no puede equipararse a la reclamación ante el CTBG, al estar ausentes las notas de independencia y especialización que caracterizan al órgano de garantía[105].

La realidad pone de manifiesto que los solicitantes de información que pretendan lograr la satisfacción jurídica de su derecho de acceso a través de los recursos potestativos ante las Mesas de las Cámaras tienen pocas probabilidades de éxito. Así lo demuestra un análisis de las resoluciones de las Mesas del Congreso de los Diputados y del Senado que, salvo alguna excepción, desestiman prácticamente la totalidad de los recursos planteados.

En efecto, la imposibilidad de acudir al CTBG, cuya reclamación es rápida y gratuita, perjudica gravemente el derecho de acceso a la información de las Cámaras parlamentarias. Este perjuicio se agrava, especialmente, cuando se utiliza el derecho de acceso a la información con una finalidad estrictamente pública, es decir, como instrumento de control del poder público en aquellos casos en que la obtención de la información no concurra también un interés privado. El acceso a la documentación justificativa de la subvención de los grupos parlamentarios es un claro ejemplo de estos casos.

Así pues, ante la respuesta del Congreso de los Diputados y del Senado de que no disponen de la infor-

---

104 Véase RAMS RAMOS, Leonor, «El procedimiento de ejercicio del derecho de acceso a la información pública», *Revista General de Derecho Administrativo*, n.º 41, 2016, p. 45.

105 Véase SALAMERO TEIXIDÓ, Laura, «De la publicidad a la transparencia en las cámaras legislativas: análisis crítico», *Actualidad Administrativa*, n.º 1, 2019, p. 4.

mación, cabe interponer recurso potestativo ante las Mesas de las Cámaras. Dada la casuística en la resolución de los recursos, podemos aventurar que, en tal caso, el fallo probablemente será desestimatorio, obligando al solicitante a acudir a la vía contencioso-administrativa, lo que previsiblemente no ocurrirá. Al ciudadano común podemos pedirle que utilice su tiempo y su esfuerzo para controlar a las instituciones, pero difícilmente podemos exigirle que, además, lo haga a costa de sus propios recursos económicos, que resultan necesarios para la interposición del recurso contencioso-administrativo.

4. Reflexión final

Para facilitar la participación de los parlamentarios en las actividades institucionales de las Cámaras, los grupos parlamentarios reciben del Congreso de los Diputados y del Senado una subvención que manejan con cierta discrecionalidad, ya que ni los reglamentos parlamentarios determinan los gastos que pueden financiarse con arreglo a la subvención ni las Cámaras ejercen ninguna actuación de control o fiscalización sobre el destino dado a los fondos públicos.

La falta de control sobre la utilización de la subvención intensifica la necesidad de transparencia de la financiación de los grupos parlamentarios, ya de por sí especialmente relevante por razones obvias. Así, el acceso a la información relacionada con el destino dado a la subvención por los grupos parlamentarios permite que la ciudadanía pueda controlar no solo la legalidad de los usos dados a los recursos públicos, sino también la oportunidad de los gastos realizados con cargo a la subvención, lo que posibilita que pueda formarse una opinión crítica de cómo actúan los representantes públicos.

Sin embargo, el Congreso de los Diputados y el Senado deniegan el acceso a la información relacionada con la subvención, argumentando que no disponen de la misma. Las Cámaras no disponen de la información de forma directa porque no han realizado ninguna actuación de control sobre la subvención, aunque, como se ha analizado, en realidad, sí que la tienen en su poder, en la medida en que tienen la facultad para pedirla a los grupos parlamentarios.

La peculiar aplicación de la LTBG a las Cámaras parlamentarias, que, entre otros aspectos, impide al solicitante acudir al CTBG ante la negativa de la Cámara a la entrega de la información, mantiene el estatus de opacidad en la gestión de la subvención por los grupos parlamentarios. Difícilmente el ciudadano común acudirá a la vía contencioso-administrativa para defender el acceso a una información que, en términos particulares, no le reporta beneficio alguno.

CAPÍTULO TERCERO

LOS GRUPOS POLÍTICOS

1. Las dotaciones económicas a los grupos políticos

Pese a su relevancia para la democracia local y su importancia económica —superior a los 13 millones de euros para el conjunto de las corporaciones capitales de provincia en 2022[106]—, las dotaciones económicas a los grupos políticos adolecen de una regulación insuficiente, en especial, en lo referente al destino que puede darse a los fondos públicos y al control que sobre esta subvención ejerce el Pleno de la Corporación. La regulación principal de estas dotaciones económicas se contiene en el artículo 73.3 LBRL que se complementa con el desarrollo normativo efectuado por los ayuntamientos, generalmente a través del Reglamento Orgánico Municipal (ROM) de cada Corporación —si bien, en la mayoría de los casos, estos se limitan a una mera reproducción del artículo 73.3 LBRL—. Como ha señalado el Tribunal de Cuentas, aunque el ROM constituye

---

106 TRIBUNAL DE CUENTAS, *Informe de fiscalización de las actuaciones realizadas por los ayuntamientos de municipios capitales de provincia en relación con las dotaciones económicas asignadas a los grupos municipales, ejercicio 2022.*

el instrumento normativo que se considera más idóneo para regular los aspectos esenciales de las dotaciones económicas a los grupos políticos, la mayoría de los ayuntamientos ha completado este régimen mediante acuerdos singulares del Pleno de la Corporación o a través de las Bases de ejecución de los presupuestos, cuya vigencia se limita al ejercicio presupuestario anual[107].

La realidad ha puesto de manifiesto que en muchos ayuntamientos no se realiza control alguno sobre estas subvenciones y que los grupos políticos transfieren una parte significativa de la subvención a los partidos políticos de los que proceden. Esta posibilidad, prevista en el artículo 2.1 LOFPP ha sido, sin embargo, objeto de crítica tanto por la doctrina como por el Tribunal de Cuentas, que en varios de sus informes de fiscalización ha recomendado que las relaciones entre los grupos políticos y los partidos políticos de origen se formalicen mediante acuerdos en los que se detallen los servicios que el partido político se compromete a prestar a cada grupo político, acompañados de una valoración económica de los mismos.

En particular, en el informe de fiscalización de las actuaciones realizadas por los ayuntamientos de municipios capitales de provincia en relación con las dotaciones económicas asignadas a los grupos municipales del ejercicio 2022 —publicado a finales de 2023— el Tribunal de Cuentas recomendó al Gobierno que ejerciese su iniciativa legislativa para promover que, en la normativa básica sobre el régimen local, se estableciese con mayor nivel de detalle la regulación sobre las dota-

---

107 Las referencias a las Bases de ejecución del presupuesto municipal contenidas en este capítulo se refieren, salvo que se indique expresamente lo contrario, al ejercicio 2025.

ciones económicas a los grupos políticos, incluyendo, entre otros aspectos, el destino que debe darse a los fondos asignados.

Pues bien, lejos de atender las recomendaciones del Tribunal de Cuentas, el legislador ha reformado el artículo 73.3 LBRL mediante la Ley Orgánica 1/2025, de 2 de enero, de medidas en materia de eficiencia del Servicio Público de Justicia. En su nueva redacción, se establece que las aportaciones que los grupos políticos destinen a los partidos políticos no serán objeto de contabilidad específica, salvo las cantidades que, en su caso, el grupo político pueda reservarse, las cuales deberán ponerse a disposición del Pleno de la Corporación siempre que este lo solicite. Esta modificación, como se analizará a lo largo de este capítulo, restringe tanto el control que corresponde a la propia Corporación como el que puede ejercer la ciudadanía al amparo de la LTBG.

2. La naturaleza de subvención de las dotaciones económicas a los grupos políticos

La LBRL establece que, a los efectos de su actuación corporativa, los miembros de las corporaciones locales se constituirán en grupos políticos, con excepción de aquellos que no se integren en el grupo político que constituya la formación electoral por la que fueron elegidos o que abandonen su grupo de procedencia, que tendrán la consideración de miembros no adscritos.

Así, para el Tribunal Constitucional, la integración de los concejales en los grupos políticos constituye un «derecho-deber» cuya finalidad es la organización grupal del trabajo corporativo[108]. En efecto, los grupos políticos —como ha señalado el Tribunal Supremo— son un elemento organizativo de la estructura de los órganos de gobierno del municipio, y se configuran como una vía esencial para que los representantes populares que forman parte de las respectivas corporaciones participen en su actividad democrática[109].

A este respecto, para facilitar el funcionamiento de los grupos políticos, el artículo 73.3 LBRL establece que el Pleno de la Corporación, con cargo a sus presupuestos, podrá asignar una dotación económica a los grupos políticos que deberá contar con un componente fijo, idéntico para todos los grupos, y otro variable, en función del número de miembros de cada uno de ellos, dentro de los límites que, en su caso, se establezcan en las Leyes de Presupuestos Generales del Estado.

Esta dotación económica se complementa con otras ayudas materiales y personales que, con anterioridad a la LBRL, ya preveía el artículo 27 del Reglamento de Organización, Funcionamiento y Régimen Jurídico de las Entidades Locales (ROF)[110]. Este precepto establece que, en la medida de lo posible, las corporaciones pondrán a disposición de los grupos políticos un despacho o local donde puedan reunirse de forma independiente y recibir a los ciudadanos, así como una infraestructura mínima de medios materiales y personales.

---

108   STC 30/1993, de 15 de enero (ECLI:ES:TC:1993:30).

109   STS 8 de febrero de 1994 (ECLI:ES:TS:1994:12769).

110   Real Decreto 2568/1986, de 28 de noviembre, por el que se aprueba el Reglamento de Organización, Funcionamiento y Régimen Jurídico de las Entidades Locales.

En efecto, generalmente las entidades locales ponen a disposición de los grupos políticos medios materiales y capital humano de la Corporación, que se concreta en un local generalmente equipado con medios informáticos, telefónicos, reprográficos y servicio de limpieza, en el suministro de materiales no inventariables en igualdad de condiciones que el resto de las oficinas municipales y en la disposición de personal eventual de apoyo a las tareas administrativas de los grupos en número proporcional al de sus miembros[111].

Pues bien, la regulación de la dotación económica que establece el artículo 73.3 LBRL es escasa, especialmente en lo relativo al destino que puede darse a los fondos públicos y a su correspondiente control por parte del Pleno de la Corporación.

Debe decirse, en primer lugar, que el artículo 73.3 LBRL alude a «dotación económica», eludiendo la referencia a la figura de la subvención, como sí lo reflejan los artículos 28 del Reglamento del Congreso de los Diputados y 32 del Reglamento del Senado. La comparación con la regulación de las subvenciones a los grupos parlamentarios del Congreso de los Diputados y del Senado es obligada, en la medida en que la exposición de motivos de la Ley 11/1999, de 21 de abril[112] —que introdujo el apartado 3 del artículo 73 LBRL— reconocía que

---

111   Véase, a título de ejemplo, artículo 10.3 ROM del Ayuntamiento de Burgos; artículo 24 ROM del Ayuntamiento de Cádiz; artículo 52 ROM del Ayuntamiento de Guadalajara; artículo 51 ROM del Ayuntamiento de Huesca; o artículo 37 ROM del Ayuntamiento de Salamanca.

112   Ley 11/1999, de 21 de abril, de modificación de la Ley 7/1985, de 2 de abril, Reguladora de las Bases del Régimen Local, y otras medidas para el desarrollo del Gobierno Local, en materia de tráfico, circulación de vehículos a motor y seguridad vial y en materia de aguas.

este nuevo precepto seguía una «regulación similar» a la que se contempla en el Reglamento del Congreso de los Diputados.

Por otra parte, el artículo 4.d) LGS excluye del ámbito de aplicación de dicha norma a las subvenciones a los grupos políticos de las corporaciones locales, al disponer de una regulación específica. Así, la LGS considera que las dotaciones económicas que reciben los grupos políticos son verdaderas subvenciones y, por ello, no se incluyen entre los supuestos que no tienen carácter de subvenciones, a los que hace referencia el artículo 2.4 LGS, sino entre los casos de determinadas subvenciones que, por disponer de una regulación específicas, permanecen fuera del ámbito de aplicación de la LGS.

El reconocimiento del carácter de subvención de estas ayudas económicas abre la puerta a una aplicación analógica de la LGS en aquellos aspectos esenciales que no están regulados por el artículo 73.3 LBRL y por las normativas locales, al contener esta norma los principios generales del derecho administrativo comunes a todas las ayudas públicas. De hecho, la disposición adicional segunda de la LOFPP establece que, en lo no regulado por la LOFPP en materia de subvenciones, será de aplicación lo previsto en la LGS.

En definitiva, las dotaciones económicas de los grupos políticos son auténticas subvenciones al concurrir las notas características de la subvención que recoge el artículo 2.1 LGS, como reconoce la doctrina[113],

---

113   Véase Pascual García, José; Rodríguez Castaño, Antonio Ramón; Valero Escribano, José Ignacio, *Régimen jurídico de*

el Tribunal de Cuentas[114] y la normativa local de varios ayuntamientos[115].

Reconocida la naturaleza de subvención de las asignaciones económicas que reciben los grupos políticos lo que procede ahora es analizar el régimen jurídico de estas ayudas a lo que dedicamos el siguiente epígrafe.

3. El régimen jurídico de las subvenciones a los grupos políticos

3.1. El carácter potestativo y las cuantías de la subvención

El artículo 73.3 LBRL establece, en primer lugar, que el Pleno de la Corporación «podrá» asignar a los grupos políticos una dotación económica, de lo que se deduce con claridad que la subvención a los grupos políticos tiene un carácter potestativo, a diferencia de las subvenciones que reciben los grupos parlamentarios del Congreso de los Diputados y del Senado, que tienen un

---

las subvenciones públicas, Madrid: Boletín Oficial del Estado, 2025, p. 58; Bueno Armijo, Antonio, El concepto de subvención en el ordenamiento jurídico español, Bogotá: Universidad Externado de Colombia, 2013, p. 119.

114   Véase la Sentencia 18/2011, de 19 de diciembre, de la Sala de Justicia del Tribunal de Cuentas.

115   Véase, a título de ejemplo, el artículo 1.1 del Reglamento regulador de las asignaciones económicas a los grupos políticos municipales del Ayuntamiento de Teruel, o el artículo 40.1 ROM del Ayuntamiento de Zamora.

carácter preceptivo[116]. De hecho, varios ayuntamientos no conceden subvenciones a sus grupos municipales[117].

Por otra parte, el artículo 73.3 LBRL dispone que la subvención a los grupos políticos debe contar con un componente fijo, idéntico para todos los grupos, y otro variable, en función del número de miembros de cada grupo, dentro de los límites que se establezcan, en su caso, en las Leyes de Presupuestos Generales del Estado. El precepto no concreta cómo debe llevarse a cabo la distribución de la subvención entre los dos componentes —el fijo y el variable— lo que da lugar a que en los diferentes ayuntamientos el porcentaje entre uno y otro componente varíe significativamente.

Así, en algunas corporaciones locales el componente variable adquiere un mayor peso respecto del componente fijo[118], llegando incluso a representar práctica-

---

116   Así lo establece el artículo 28 del Reglamento del Congreso de los Diputados [«El Congreso pondrá a disposición de los Grupos Parlamentarios, locales y medios materiales suficientes y les asignará, con cargo a su Presupuesto, una subvención fija idéntica para todos y otra variable (...)»], y el artículo 32 del Reglamento del Senado [«El Senado facilitará a los Grupos parlamentarios una subvención (...)»]. Los Reglamentos de los parlamentos autonómicos también establecen el carácter preceptivo de las subvenciones a los grupos parlamentarios. Véase, a título de ejemplo, el artículo 40.1 del Reglamento de la Asamblea de Extremadura.

117   Tal es el caso, por ejemplo, del Ayuntamiento de Murcia, que entre los años 2019 y 2023 no concedió subvenciones a los grupos políticos, o del Ayuntamiento de León, que tampoco lo hizo en el año 2022. Véase TRIBUNAL DE CUENTAS, *Informe de fiscalización, op. cit.* p. 37.

118   Como es el caso, por ejemplo, del Ayuntamiento de Badajoz. Véase la base 41 bis de las Bases de ejecución del presupuesto del Ayuntamiento de Badajoz.

mente la totalidad de la subvención[119], mientras que en otros ayuntamientos se opta por asignar una mayor proporción al componente fijo[120]. Pese a esta diversidad, y según recoge el Tribunal de Cuentas[121], el componente fijo representa, en media ponderada, el 36 % de la dotación económica global, mientras que el 64 % restante corresponde al componente variable[122].

De otra parte, el artículo 73.3 LBRL establece que el Pleno de la corporación debe asignar la subvención a los grupos políticos respetando los límites establecidos por las Leyes de Presupuestos Generales del Estado. No obstante, como señala el Tribunal de Cuentas, hasta la fecha dichos límites no se han concretado en las distintas Leyes anuales de Presupuestos, lo que implica que cada Corporación goza de un amplio margen de discrecionalidad para fijar el importe de las subvenciones que concede a sus grupos políticos[123].

En cambio, algunas corporaciones sí que han establecido límites cuantitativos a las subvenciones a sus

---

119 Como ocurre, destacadamente, en el Ayuntamiento de Granada, en el que el componente fijo es de 1 € mensual por grupo político, frente a los 1.100 € mensuales por cada miembro del grupo municipal. Véase la base 24.ª de las Bases de ejecución del presupuesto del Ayuntamiento de Granada.

120 Como es el caso, por ejemplo, del Ayuntamiento de Cáceres (artículo 36 de las Bases de ejecución del presupuesto del Ayuntamiento de Cáceres del año 2024).

121 Véase Tribunal de Cuentas, *Informe de fiscalización, op. cit.* anexo 6.

122 En esta media se encuentra, por ejemplo, el Ayuntamiento de Salamanca, que distribuye un tercio de la dotación económica en el componente fijo y el resto en el componente variable (artículo 37.2 ROM del Ayuntamiento de Salamanca).

123 Véase Tribunal de Cuentas, *Informe de fiscalización, op. cit.* p. 25.

grupos políticos, ya sea fijando un límite máximo a la dotación económica global anual destinada al conjunto de los grupos mediante un porcentaje del presupuesto de cada ejercicio[124], o bien determinando que la asignación anual a los grupos municipales no puede exceder las retribuciones brutas de un concejal en régimen de dedicación exclusiva[125].

En todo caso, estos límites no atienden al coste real del funcionamiento del grupo político, que es la actividad a cuya satisfacción está dirigida la subvención. En este sentido, el Tribunal de Cuentas ha constatado que, por lo general, la asignación económica anual no refleja los costes reales del funcionamiento de los grupos políticos. Así, en todos los ayuntamientos de los municipios capitales de provincia —que son los fiscalizados por el Tribunal de Cuentas— dicha asignación se determina de forma global y a tanto alzado, ya sea por grupo y concejal o tomando como referencia el importe de ejercicios anteriores, con la respectiva actualización en su caso. Esto es, las asignaciones no se basan en estudios específicos que consideren los costes reales de las actividades desarrolladas[126].

Sin embargo, algunas corporaciones establecen en su normativa que el importe de la asignación global no podrá superar el coste estimado de la actividad de los grupos políticos en el desempeño de sus funciones[127].

---

124 Artículo 28.2 ROM del Ayuntamiento de Valladolid.

125 Artículo 55 ROM del Ayuntamiento de Palencia.

126 Véase TRIBUNAL DE CUENTAS, *Informe de fiscalización, op. cit.* p. 26.

127 Véase artículo 41.4 ROM del Ayuntamiento de Zamora.

Esta falta de previsión generalizada resulta relevante, ya que, como se ha señalado, la dotación económica tiene naturaleza de subvención. Y aunque la LGS no sea directamente aplicable, uno de los principios que establece dicha norma es el de la no rentabilidad de la subvención[128], en virtud del cual, si la cuantía concedida supera el coste de la actividad subvencionada, procede el reintegro del exceso[129]. En todo caso, parece claro que la falta de determinación del destino de los fondos públicos y la ausencia de unos gastos subvencionables en la LBRL dificulta la cuantificación del coste del funcionamiento del grupo político.

3.2. El destino de los fondos

La exposición de motivos de la Ley 11/1999, de 21 de abril, a la que ya se ha hecho referencia, señala con claridad que la finalidad de la subvención a los grupos políticos es garantizar su funcionamiento, de forma similar a las subvenciones que para los grupos parlamentarios prevén los Reglamentos del Congreso y del Senado. Con relación a estas subvenciones, el Tribunal Constitucional, sostuvo hace ya algunos años que su finalidad «no es otra que la de facilitar la participación de sus miembros en el ejercicio de las funciones institucionales de la Cámara a la que pertenecen, para lo cual se dota a los grupos en que los diputados, por imperativo legal, han de integrarse de los recursos económicos necesarios»[130]. Por su parte, el Tribunal de Cuentas

---

128 Véase artículo 19.3 LGS.

129 Véase artículo 37.3 LGS.

130 STC 214/1990, de 20 de diciembre (ECLI:ES:TC:1990:214).

—refiriéndose en concreto a los grupos municipales— ha reafirmado esta finalidad[131].

Sin embargo, la LBRL no establece qué clases de gastos están relacionados con el funcionamiento de los grupos políticos. Es decir, no existe una definición de gastos subvencionables. No obstante, el artículo 73.3 LBRL establece dos prohibiciones relativas al destino de los fondos: estos no podrán destinarse al pago de remuneraciones de personal de cualquier tipo al servicio de la Corporación, ni a la adquisición de bienes que puedan constituir activos fijos de carácter patrimonial.

Junto con estas dos prohibiciones, el artículo 73.3 LBRL, tras su última reforma, reconoce expresamente la posibilidad de que los grupos políticos realicen aportaciones a los partidos políticos. Volveremos sobre esta cuestión más adelante.

3.2.1. Prohibición del pago de remuneraciones de personal al servicio de la Corporación

La LBRL permite que, con cargo a los fondos de la subvención, se contrate personal externo para la realización de tareas administrativas o de asesoramiento necesarias para que el grupo municipal pueda desarrollar las funciones que tiene atribuidas. Lo que prohíbe el artículo 73.3 LBRL es que la subvención se destine al pago de remuneraciones —en forma de sobresueldo— al personal al servicio de la Corporación. Cabe destacar que el precepto se refiere al personal de cualquier

---

131   Véase la Sentencia 18/2011, de 19 de diciembre, de la Sala de Justicia del Tribunal de Cuentas.

tipo al servicio de la entidad, lo que incluye también a los propios concejales, como ha confirmado el Tribunal Supremo[132].

Esta prohibición supone, además, una diferencia significativa respecto de la regulación establecida en los Reglamentos del Congreso de los Diputados y del Senado, que no contemplan ningún tipo de gasto no admisible. La ausencia de esta prohibición ha permitido que, en la práctica, parte de la subvención parlamentaria se utilice para complementar la retribución de los diputados y senadores. Así ha ocurrido en algunos casos, especialmente, en el de aquellos parlamentarios que forman parte de las cúpulas directivas de sus formaciones políticas, tal y como lo reflejan las propias declaraciones sobre actividades y bienes que están obligados a presentar ante la Cámara respectiva[133].

Por otra parte, cabe reseñar que alguna normativa local ha ido más allá, al extender la prohibición de destinar los fondos a gastos de personal, incluyendo expresamente la remuneración de aquellas personas que hayan prestado servicios en la Corporación durante los últimos cuatro años[134].

---

132   STS de 3 de julio de 2012 (ECLI:ES:TS:2012:5493).

133   Véase GONZÁLEZ-JULIANA MUÑOZ, Álvaro, «Subvenciones a grupos parlamentarios y rendición de cuentas. Reflexiones en torno al alcance de la Ley de Transparencia», *Estudios en derecho a la información*, n.º 18, 2024, p. 218.

134   Artículo 5.1.k) del Reglamento regulador de las asignaciones económicas a los grupos municipales de Alhama de Murcia.

3.2.2. Prohibición de la adquisición de bienes que puedan constituir activos fijos de carácter patrimonial

La LBRL establece como segunda prohibición la de que los grupos políticos puedan adquirir con los fondos de la subvención bienes que puedan constituir activos fijos de carácter patrimonial. La justificación de esta prohibición se encuentra en la naturaleza temporal de los grupos políticos, cuya constitución y disolución se produce con cada mandato. Seguramente, la LBRL debería reconocer una excepción a esta prohibición que permitiese la adquisición de bienes inventariables de escaso valor, cuya cuantía se concrete en la normativa interna de la entidad local, con la finalidad de facilitar la gestión y el funcionamiento ordinario de los grupos políticos[135]. Y, de hecho, así lo contemplan la normativa de algunas corporaciones[136].

3.2.3. Otros límites previstos por la normativa local: los bienes y servicios proporcionados directamente por la Corporación

Como se ha expuesto, las ayudas que las corporaciones locales ponen a disposición de los grupos políticos no se limitan únicamente a la concesión de subvencio-

---

135   TRIBUNAL DE CUENTAS, *Moción relativa a la modificación del régimen jurídico de las dotaciones económicas asignadas por las entidades locales a los grupos políticos*, p. 14.

136   Véase, por ejemplo, el artículo 3.2 del Reglamento regulador de las asignaciones económicas a los grupos políticos municipales del Ayuntamiento de Teruel, o el artículo 7.2 de la Instrucción 2/2021, de 13 de abril, de intervención general, sobre el destino y justificación de las asignaciones de los grupos políticos municipales del Ayuntamiento de Valladolid.

nes para garantizar su funcionamiento, sino que incluyen también medios materiales y personales a cargo de la propia Corporación. Por ello, la normativa de algunos ayuntamientos establece que los grupos políticos no pueden satisfacer con cargo a la subvención gastos o bienes suministrados directamente por la Corporación[137], y que consideramos debería incluirse en la LBRL.

Este límite impide, por ejemplo, que los grupos políticos dediquen parte de la subvención a alquilar locales privados cuando la Corporación pone a su disposición despachos y salas donde sus miembros pueden reunirse de forma independiente y recibir a los ciudadanos. En tal caso, carecería de sentido que el grupo político alquilara otros espacios. En la práctica, lo que ocurre con frecuencia es que dichos locales no se utilizan por los grupos políticos para el ejercicio de sus funciones institucionales, sino por los partidos políticos, lo que resulta contrario a la finalidad de la subvención.

3.2.4. Los gastos admisibles

A diferencia de la LBRL, que se limita a efectuar una delimitación negativa de los gastos que no pueden sufragarse con cargo a la subvención, la normativa propia de algunos ayuntamientos establece de forma expresa qué gastos se consideran admisibles, así como las condiciones para su ejecución[138]. Entre otros gastos, las normati-

---

137 Véase, por ejemplo, el artículo 3.1 del Acuerdo relativo a las aportaciones económicas a los grupos municipales del Ayuntamiento de Barcelona, o el artículo 52.1 ROM del Ayuntamiento de Huesca.

138 Véase, a título de ejemplo, el artículo 3 del Acuerdo sobre el régimen de justificación y transparencia de las asignaciones a

vas locales suelen considerar como gastos derivados del funcionamiento del grupo político los referidos a materiales de oficina y telefonía, gastos bancarios, publicidad y difusión de la actividad del grupo municipal en los medios de comunicación, incluyendo folletos y buzoneo, suscripción de prensa, revistas y bases de datos, formación de los miembros del grupo municipal, remuneraciones de personal asesor externo al grupo municipal, o gastos de desplazamiento y manutención de los miembros del grupo político.

Igualmente, la normativa de algunos ayuntamientos admite como gasto admisible la aportación de fondos a los partidos políticos. A esta cuestión dedicamos el siguiente epígrafe.

3.3. Las aportaciones a los partidos políticos

Con anterioridad a la reforma del artículo 73.3 LBRL de 2025, la falta de una delimitación legal de los gastos susceptibles de ser sufragados con cargo a la subvención ha permitido que los grupos políticos realicen aportaciones a los partidos políticos de origen, posibilidad reconocida en el artículo 2.1 LOFPP, que incluye expresamente dichas aportaciones entre los recursos económicos de los partidos procedentes de financiación pública. De hecho, esta fuente de financiación representó —junto con la proveniente de los grupos parlamentarios— aproximadamente el 58 % del total de los recursos públicos

---

los grupos políticos municipales del Ayuntamiento de Mérida; el artículo 48 de las Bases de ejecución del presupuesto del Ayuntamiento de Cuenca; la base 24.ª de las Bases de ejecución del presupuesto del Ayuntamiento de Córdoba, o el artículo 3.3 del Reglamento regulador de las asignaciones económicas a los grupos políticos municipales del Ayuntamiento de Teruel.

percibidos por los partidos políticos en 2020, último ejercicio en el que las cuentas anuales fueron fiscalizadas por el Tribunal de Cuentas, cuyo informe se publicó en 2024[139].

Esta práctica de los grupos políticos de transferir parte de la subvención a los partidos políticos resulta criticable, ya que dado el carácter finalista de la ayuda[140], no se destinan íntegramente los fondos públicos al cumplimiento de la finalidad perseguida por la subvención. Por ello, el Tribunal de Cuentas —en los distintos informes de fiscalización de las cuentas anuales de los partidos— ha venido recomendando que las transferencias a los partidos políticos se formalicen mediante convenios en los que se recojan los servicios que la formación política se compromete a prestar, incluyendo una valoración económica de los mismos. Se trata, en definitiva, de garantizar que la transferencia al partido político obedezca a una colaboración efectiva entre este y el grupo político —por ejemplo, mediante la prestación de servicios de asesoramiento o la realización de trabajos auxiliares—, evitando que dicha aportación se convierta en una mera vía de financiación de la formación política.

Sin embargo, con la reforma de la LBRL de 2025, el artículo 73.3 LBRL ha introducido un nuevo párrafo[141]

---

139 Véase, TRIBUNAL DE CUENTAS, *Informe de fiscalización de las cuentas anuales de los partidos políticos correspondientes al ejercicio* 2020, p. 418.

140 STC 15/1992, de 10 de febrero (ECLI:ES:TC:1992:15).

141 Antes de la citada reforma, el último párrafo del artículo 73.3 LBRL establecía que «(l)os grupos políticos deberán llevar con una contabilidad específica de la dotación a que se refiere el párrafo segundo de este apartado 3, que pondrán a disposición del Pleno de la Corporación, siempre que éste lo pida». Con la reforma de 2025, el párrafo que se acaba de transcribir

que establece que las aportaciones que los grupos políticos destinen a los partidos políticos no serán objeto de contabilidad específica excepto de aquellas cantidades que, en su caso, se pudiera reservar el grupo político que pondrá a disposición del pleno de la Corporación siempre que este lo pida.

Este nuevo párrafo del artículo 73.3 LBRL tiene varias consecuencias. Además de las relativas al control de estos fondos —tanto por la Corporación como por los propios ciudadanos—, que veremos en los siguientes epígrafes, la modificación de este precepto tiene otras dos consecuencias.

En primer lugar, el precepto reconoce la admisibilidad de las transferencias a los partidos políticos, a las que, además, no impone límite alguno. Cabe destacar que el nuevo artículo 73.3 LBRL establece que la subvención no estará sujeta a contabilidad específica, salvo en relación con aquellas cantidades que, en su caso, el grupo municipal decida reservar, lo que permite inferir que puede no reservarse cantidad alguna.

En segundo lugar, el precepto hace referencia expresa a las aportaciones que los grupos políticos destinen a los partidos políticos, lo que podría interpretarse en el sentido de que tales transferencias no responden a una colaboración material del partido político con el grupo político —a modo de prestación de algún tipo de ser-

---

ha sido sustituido por el siguiente: «(r)especto a la dotación a que se refiere el párrafo segundo de este apartado 3, las aportaciones que los grupos políticos destinen a los partidos políticos, de conformidad con lo dispuesto en la normativa de financiación de estos últimos, no serán objeto de contabilidad específica excepto de aquellas cantidades que, en su caso, se pudiera reservar el grupo municipal que pondrá a disposición del pleno de la corporación siempre que este lo pida».

vicio— entre ambos sujetos, sino que constituyen un mecanismo directo de financiación del partido político, en abierta contradicción con las recomendaciones del Tribunal de Cuentas[142].

No obstante, algunos ayuntamientos han incorporado en su normativa interna disposiciones específicas sobre las aportaciones de los grupos políticos a los partidos políticos, estableciendo tanto los importes máximos que pueden transferirse como la exigencia —o no— de que dichas aportaciones respondan a una contraprestación por parte de la formación política.

Así, mientras algunas corporaciones permiten que la totalidad de los fondos de la subvención sea transferida a los partidos políticos[143], otras establecen límites porcentuales a dichas aportaciones, que en algunos casos se fijan, por ejemplo, en el 35 %[144], el 50 %[145] o el 70 %[146]

---

142 Véase **FERNÁNDEZ RAMOS**, Severiano, «Un regalo navideño para los partidos políticos: las dotaciones económicas de los grupos políticos de las corporaciones locales», disponible en www.hayderecho.com/2025/02/06/dotaciones-economicas-grupos-politicos-locales/. (Fecha de consulta: 1 de septiembre de 2025).

143 Como es el caso del Ayuntamiento de Barcelona (artículo 4 del Acuerdo relativo a las aportaciones económicas a los grupos municipales del Ayuntamiento de Barcelona).

144 Tal es el caso, por ejemplo, del Ayuntamiento de Salamanca (disposición adicional tercera de las Bases de ejecución del presupuesto del Ayuntamiento de Salamanca).

145 Por ejemplo, los ayuntamientos de Palencia o Teruel. Véase, respectivamente, la disposición adicional segunda de las Bases de ejecución del presupuesto del Ayuntamiento de Palencia y el artículo 3.3.m) del Reglamento regulador de las asignaciones económicas a los grupos políticos municipales del Ayuntamiento de Teruel.

146 Base 36.ª de las Bases de ejecución del presupuesto del Ayuntamiento de Málaga.

del importe total de la subvención. Además de los límites porcentuales, algunas corporaciones exigen que las aportaciones a los partidos políticos se formalicen mediante un convenio en el que se especifiquen los servicios que la formación política presta al grupo político, así como la correspondiente valoración económica de los mismos[147].

Por el contrario, otras corporaciones locales prohíben las aportaciones de los grupos políticos a sus partidos políticos de origen[148].

3.4. El control de la subvención: la contabilidad específica

El artículo 73.3 LBRL obliga a los grupos políticos a llevar una contabilidad específica de la subvención que pondrán a disposición del Pleno de la Corporación siempre que éste la pida.

La LBRL no establece con detalle las características que debe reunir la contabilidad de los grupos políticos, más allá de exigir que sea «específica de la subvención». En cualquier caso, como se ha apuntado con

---

147　Por ejemplo, los ayuntamientos de Córdoba, Málaga, Pamplona o Salamanca. Véase, respectivamente, la base 24.4.6 (Córdoba), la base 36.ª (Málaga), la base 40.4 (Pamplona) y la disposición adicional tercera (Salamanca), de las Bases de ejecución de los presupuestos de los citados ayuntamientos.

148　Como es el caso de los ayuntamientos de Almería, Cuenca, Valladolid o Zamora. Véase, respectivamente, la base 51.ª y la base 32.ª de las Bases de ejecución de los presupuestos de los Ayuntamientos de Almería y de Cuenca, el artículo 9 de la Instrucción 2/2021, de 13 de abril, de Intervención General, sobre el destino y justificación de las asignaciones de los grupos políticos municipales del Ayuntamiento de Valladolid y el artículo 41.4 ROM del Ayuntamiento de Zamora.

relación a los grupos parlamentarios, el Consejo de Estado sostuvo hace ya varios años que dicha contabilidad debe reflejar la «imagen fiel de la aplicación dada a las subvenciones por los grupos en las actividades que les son propias», de modo que «todo asiento contable se encuentre documentalmente respaldado de modo suficiente y adecuado a la naturaleza del gasto y al carácter de fondos públicos que las subvenciones revisten»[149].

En cambio, algunas corporaciones sí que han regulado la contabilidad específica de los grupos políticos, aunque con soluciones diversas. Así, mientras que en algunos ayuntamientos se prevé la llevanza de determinados libros de contabilidad —como, por ejemplo, el libro diario[150]—, en otros se exige la aplicación del Plan de Contabilidad adaptado a las Formaciones Políticas (PCAFP), aprobado por el Pleno del Tribunal de Cuentas el 20 de diciembre de 2018[151].

---

149 Véase el Dictamen del Consejo de estado, expediente 1768/1992, de 21 de enero de 1993. Véase también OLEA ROMACHO, Antonio Ramón; REDONDO DEL POZO, María Teresa, «Régimen jurídico-económico y contable de las dotaciones económicas a los grupos políticos locales», en FERNÁNDEZ-FIGUEROA GUERRERO, Fernando (Coord.), *Diagnóstico de mejoras normativas en la legislación básica de régimen local*, Barcelona: Fundación Democracia y Gobierno Local, 2022, p. 126.

150 Por ejemplo, los ayuntamientos de Málaga o de Santa Cruz de Tenerife. Véase, respectivamente, la base 36.ª (Málaga) y la base 19.6 de las Bases de ejecución de los presupuestos de los citados ayuntamientos. Al margen de las capitales de provincia puede citarse, a título de ejemplo, la base 48.ª de las Bases de ejecución del presupuesto del Ayuntamiento de Medina del Campo (Valladolid).

151 Véase, por ejemplo, el artículo 41.4 ROM del Ayuntamiento de Zamora. Fuera del ámbito de las capitales de provincia, puede citarse el artículo 25 bis de las Bases de ejecución del presupuesto del Ayuntamiento de Fuengirola (Málaga).

El control y la rendición de cuentas de la subvención exigen que los grupos políticos justifiquen la utilización de los recursos recibidos, lo cual puede llevarse a cabo mediante la correspondiente cuenta justificativa, que incluya una memoria o relación de los gastos realizados con cargo a la dotación, los justificantes o facturas correspondientes a cada uno de dichos gastos, así como la documentación acreditativa de los pagos efectuados. Y, en el caso de que existan aportaciones a partidos políticos, debería incorporar también el convenio o contrato que regule las relaciones económicas entre el grupo político y el partido político con el que se identifica, junto con su correspondiente justificación[152]. De hecho, algunos ayuntamientos regulan un modelo estandarizado de cuenta justificativa[153].

No obstante, se observa que en varias corporaciones la justificación se limita a una mera declaración responsable del portavoz del grupo político, en la que se afirma, poco más, que la subvención se ha destinado al funcionamiento del grupo, que el destino de los fondos no incluye ningún gasto prohibido por el artículo 73.3 LRBRL y que se lleva una contabilidad específica puesta a disposición del Pleno, sin que se acompañen justificantes acreditativos de los gastos y pagos realizados[154].

---

152   Véase TRIBUNAL DE CUENTAS, *Informe de fiscalización, op. cit.* p. 19.

153   Véase, por ejemplo, el artículo 10.2 del Acuerdo del Pleno por el que se regula el destino y procedimiento de justificación, control, rendición de cuentas y transparencia de las dotaciones económicas concedidas a los grupos políticos municipales, previstas en el artículo 29 del Reglamento Orgánico del Pleno y sus Comisiones del Ayuntamiento de Castellón de la Plana, o la base 24.4.6 de las Bases de ejecución del presupuesto del Ayuntamiento de Córdoba.

154   Véase TRIBUNAL DE CUENTAS, *Informe de fiscalización, op. cit.* p. 19.

En todo caso, el artículo 73.3 LBRL establece que los grupos políticos deben poner a disposición del Pleno de la Corporación la contabilidad siempre que éste lo solicite. De este modo, la LBRL atribuye expresamente al Pleno —y no a la Intervención[155], a quien corresponde como norma general la fiscalización del gasto— la competencia de control de la subvención, con las implicaciones políticas y técnicas que ello comporta. Por una parte, no parece que el Pleno sea el órgano más idóneo para ejercer la actividad de control, al tratarse de una tarea eminentemente técnica que exige conocimientos jurídicos y contables especializados. Por otra parte, la efectividad de la puesta a disposición de la contabilidad requiere la adopción del correspondiente acuerdo por la mayoría del Pleno, lo que, en la práctica y por razones evidentes, ha conducido a una ausencia generalizada de control efectivo[156].

Junto con el Pleno, algunos ayuntamientos también prevén la participación de la Intervención municipal en el control de estas subvenciones, estableciendo, por lo general, la obligación de que los grupos políticos remi-

---

155 Véase artículo 214 del Real Decreto Legislativo 2/2004, de 5 de marzo, por el que se aprueba el texto refundido de la Ley Reguladora de las Haciendas Locales. Véase también BLANQUER CRIADO, David, «Artículo 73», en REBOLLO PUIG, Manuel; IZQUIERDO CARRASCO, Manuel (Coords.), *Comentarios a la Ley reguladora de las bases de régimen local*, Valencia: Tirant lo Blanch, 2007, p. 1912.

156 Véase FERNÁNDEZ RAMOS, Severiano, «La transparencia de las aportaciones financieras a los grupos políticos locales», en *Revista española de la transparencia*, n.º 16, 2023, p. 127; QUIRÓS ROLDÁN, Antonio, «Grupos políticos y retribuciones de los miembros de las corporaciones locales», en CASTILLO BLANCO, Federico A (Coord.), *Modificaciones y panorama actual del régimen local español*, Granada: Centro de Estudios Municipales y de Cooperación Internacional, 2000, p. 291.

tan previamente a dicho órgano la cuenta justificativa de la subvención. Los plazos para esta remisión varían según la Corporación, pudiendo ser de forma anual[157], trimestral[158] o en distintos periodos, como, por ejemplo, dentro del mes siguiente a la finalización del ejercicio económico[159].

Por otro lado, el contenido y alcance de las actuaciones de fiscalización que lleva a cabo la Intervención municipal difiere entre las distintas corporaciones. El Tribunal de Cuentas ha señalado que, en la mayoría de los ayuntamientos, dicho control es de carácter moderado o débil atendiendo a los parámetros de oportunidad, adecuación y efectividad del control[160]. Únicamente en algunos supuestos —en los que el propio Tribunal ha constatado la existencia de un control más riguroso— la fiscalización alcanza una mayor intensidad[161]. En cambio, con carácter general, la actuación de la Intervención se limita a comprobar que las cuentas bancarias figuren a nombre del grupo municipal, que no se hayan infringido las prohibiciones previstas en el

---

157 Por ejemplo, el artículo 41.2 ROM del Ayuntamiento de Ávila.

158 Artículo 48 de las Bases de ejecución del presupuesto del Ayuntamiento de Cuenca.

159 Por ejemplo, el artículo 12.1 de la Instrucción 2/2021, de 13 de abril, de Intervención General, sobre el destino y justificación de las asignaciones de los grupos políticos municipales del Ayuntamiento de Valladolid.

160 GARCÍA DE CASTILLO PÉREZ DE MADRID, Alicia, «Dotaciones económicas de las Corporaciones Locales a los grupos políticos: problemática, fiscalización por el Tribunal de Cuentas y su reciente reforma legislativa», *Revista Española de Control Externo*, n.º 79, 2025, p. 60. Véase también TRIBUNAL DE CUENTAS, *Informe de fiscalización, op. cit.* p. 34.

161 TRIBUNAL DE CUENTAS, *Informe de fiscalización, op. cit.* p. 34.

artículo 73.3 LBRL, y en algunos casos, que se ha presentado una relación detallada de facturas o recibos satisfechos[162].

En definitiva, en un número significativo de corporaciones no se analiza el destino efectivo de la subvención. Es más, la normativa de algunos ayuntamientos excluye de forma expresa la posibilidad de que la Intervención ejerza dicho control. Así, por ejemplo, se establece que la fiscalización de la Intervención tiene «como único objetivo verificar el cumplimiento de las limitaciones al destino» previstas en el artículo 73.3 LBRL[163]; que la Intervención debe comprobar que la relación de facturas y conceptos incluidos en la cuenta justificativa se corresponde con gastos admisibles, «pero sin entrar en criterios subjetivos o de oportunidad»[164]; o que «no se pronunciará ni sobre el importe ni sobre el concepto de los gastos efectuados por los grupos políticos»[165].

4. La transparencia y el control ciudadano de las subvenciones a los grupos políticos

La transparencia en el uso de las subvenciones otorgadas a los grupos políticos reviste un indudable interés

---

162 Véase **FERNÁNDEZ RAMOS**, Severiano, «La transparencia, *op. cit.* p. 127, quien señala que a la falta de control político de las subvenciones a los grupos políticos «se ha unido (aunque no debería) una deficiente fiscalización económico-financiera a cargo de la Intervención (...)».

163 Acuerdo del Pleno del Ayuntamiento de Girona de 26 de agosto de 2020.

164 Base 36.ª de las Bases de ejecución del presupuesto del Ayuntamiento de Málaga.

165 Apartado 6.1 del Acuerdo del Pleno del Ayuntamiento de Madrid de 26 de junio de 2013.

público, en la medida en que permite, por un lado, que la ciudadanía disponga de la información necesaria para ejercer un control de legalidad sobre el destino dado a estos fondos —cuestión especialmente relevante si tiene en cuenta que, en la mayoría de los casos, las corporaciones locales no realizan un control efectivo sobre estas subvenciones—, y por otro lado, posibilita un control ciudadano sobre la oportunidad y pertinencia de los gastos realizados con cargo a estos recursos, lo que contribuye a la formación de una opinión crítica respecto de la actuación de sus representantes políticos en el ámbito municipal, opinión que incluso puede incidir en la orientación del voto en futuras elecciones. Así lo han entendido, de hecho, los órganos de garantía de la transparencia, y en particular, la Comisión de Garantía del Derecho de Acceso a la Información Pública de Cataluña (GAIP)[166].

4.1. Publicidad activa

Dentro de las obligaciones de publicidad activa, el artículo 8.1.c) LTBG referido a la información económica, presupuestaria y estadística, obliga a las Administraciones públicas, y entre ellas a las entidades locales, a publicar «las subvenciones y ayudas públicas concedidas con indicación de su importe, objetivo o finalidad y beneficiarios».

Puede surgir la duda de si este artículo 8.1.c) LTBG afecta a las dotaciones económicas a los grupos políticos, en la medida en que estas ayudas, como ya hemos

---

166 Véase la Resolución GAIP 6/2018, de 22 de enero, entre otras. En el mismo sentido, y con relación a otros órganos garantes de la transparencia, puede citarse, por ejemplo, la Resolución 121/2021, de 25 de junio, de la Comisión de Transparencia de Castilla y León.

visto, están excluidas del ámbito de aplicación de la LGS. La respuesta es claramente afirmativa, por dos razones.

En primer lugar, porque las ayudas que reciben los grupos políticos son auténticas subvenciones al estar presentes las notas características del concepto legal de subvención que recoge el artículo 2.1 LGS, pese a que el artículo 4.d) LGS las excluya del ámbito de aplicación de la norma.

En segundo lugar, porque la noción de subvenciones y ayudas públicas del artículo 8.c) LTBG no tiene necesariamente que coincidir con el concepto legal de subvención previsto en la LGS. De hecho, en el anteproyecto de la LTBG, el artículo 7.c) —equivalente al artículo 8.1.c) LTBG— establecía que se entendían incluidas en el precepto las subvenciones y ayudas reguladas en la LGS, referencia que finalmente desapareció tras la aprobación de una enmienda propuesta por el Grupo Parlamentario de Unión Progreso y Democracia que, precisamente, justificaba su supresión para evitar los problemas de interpretación acerca de si las subvenciones a las que se refería el precepto eran únicamente las reguladas en la LGS o, por el contrario, cualesquiera otras ayudas públicas, incluidas las subvenciones a los grupos parlamentarios, partidos políticos y fundaciones vinculadas[167].

Debe entenderse, por tanto, que el artículo 8.c) LTBG impone a las entidades locales la obligación de publicar las subvenciones percibidas por los grupos políticos —con indicación de su importe, objetivo o finalidad—,

---

167 Enmienda n.º 324, *Boletín Oficial de las Cortes Generales,* Congreso de los Diputados, Serie A, n.º 19-3, de 2 de julio de 2013, p. 170.

como así lo ha considerado el CTBG)[168] y ha confirmado la jurisprudencia[169].

Algunos ayuntamientos especifican en su normativa interna la obligación de las entidades locales de publicar la información sobre las asignaciones económicas que conceden a sus grupos políticos[170], incluyendo, en algunos casos, la publicación de la contabilidad específica en el Portal de Transparencia del Ayuntamiento[171]. En otros casos, la ordenanza de transparencia incluye a los grupos políticos dentro de su ámbito subjetivo de aplicación, lo que conlleva, entre otras informaciones, la publicación de sus cuentas anuales[172].

Por otra parte, en el ámbito autonómico, el artículo 45.4 del Decreto 8/2021, del 9 de febrero, de transparencia, acceso a la información pública y buen gobierno de Cataluña, establece que las Administraciones loca-

---

168 Véase, por ejemplo, la Resolución CTBG RT 273/2019, de 18 de julio.

169 STSJ de Andalucía de 27 de enero de 2021 (ECLI:ES:TSJAND:2021:1591).

170 En algunas corporaciones, esta obligación está recogida en el Reglamento Orgánico Municipal, como es el caso del Ayuntamiento de Zamora (artículo 43 ROM). En otros ayuntamientos, esta obligación de publicidad activa se regula en las ordenanzas de transparencia. Es el caso, por ejemplo, de los Ayuntamientos de Almería —artículo 10.1) Ordenanza de Transparencia, Buen Gobierno y Calidad Democrática del Ayuntamiento de Almería— o de Santander —artículo 13.n) Ordenanza de Transparencia, Acceso y Reutilización de la información y Buen Gobierno del Ayuntamiento de Santander—, por citar solo algunos.

171 Véase, por ejemplo, el artículo 41.3 ROM del Ayuntamiento de Ávila.

172 Como es el caso, por ejemplo, del Ayuntamiento de Oviedo. Véase los artículos 2.1 y 17.e) de su Ordenanza municipal de transparencia, acceso a la información y reutilización.

les deben publicar *(i)* el acuerdo que fija la cuantía los elementos relativos a la toma de esta decisión; *(ii)* el importe anual y los grupos políticos beneficiarios; *(iii)* el objeto de la subvención y las prohibiciones legales de destino previstas en la normativa vigente; *(iv)* la información relativa al procedimiento de justificación o rendición de cuentas y/o de control financiero, o la constancia de su inexistencia; y *(v)* la declaración de cada grupo beneficiario de la relación detallada de gastos anuales financiados con cargo a estos fondos, agrupados por conceptos específicos.

Asimismo, el artículo 52.1.g) de la Ley 2/2016, de 7 de abril, de Instituciones Locales de Euskadi, impone la obligación de publicar —en el marco de la información institucional y organizativa— la relativa a «los grupos políticos municipales», si bien no contiene una referencia expresa a las subvenciones que reciben.

Al margen de las normas de transparencia, el artículo 2.1.e) del Real Decreto 130/2019, de 8 de marzo, que regula la Base de Datos Nacional de Subvenciones y la publicidad de las subvenciones y demás ayudas públicas, establece que la Base de Datos Nacional de Subvenciones (BDNS) debe contener información sobre «las subvenciones y demás ayudas a partidos políticos». Aunque el precepto no hace referencia expresa a las dotaciones económicas a los grupos políticos, el Tribunal de Cuentas ha interpretado que dichas asignaciones deben publicarse en la BDNS, en virtud de que la disposición final segunda de la LOFPP reconoce el carácter supletorio de la LGS respecto de lo no regulado por la LOFPP en materia de subvenciones a las formaciones políticas, extensión que alcanzaría a los grupos políticos[173].

---

173 TRIBUNAL DE CUENTAS, *Informe de fiscalización, op. cit.* p. 38.

Ahora bien, la mera publicación de los importes de la dotación económica a los grupos políticos —que es lo que exige el artículo 8.1.c) LTBG— no constituye, en absoluto, un estándar adecuado de transparencia[174], en tanto que no alcanza la finalidad que persigue la propia LTBG: garantizar el control sobre la gestión de los recursos públicos y la rendición de cuentas a la ciudadanía.

4.2. Derecho de acceso a la información

Como se ha señalado, la mera publicación de los importes de las subvenciones a los grupos políticos no permite a la ciudadanía ejercer un control efectivo, ni desde la perspectiva de la legalidad del destino otorgado a los fondos públicos ni desde la de su oportunidad. De ahí que resulte pertinente plantearse si, a través del ejercicio del derecho de acceso a la información, puede conocerse el detalle de los gastos financiados con dichas subvenciones, en términos que hagan posible una verdadera rendición de cuentas.

La LTBG no incluye a los grupos políticos en su ámbito subjetivo de aplicación, por lo que las solicitudes de información que interesen el destino y justificación de la subvención deberán dirigirse a la Corporación local. El problema que se ha planteado en la práctica radica en que las corporaciones locales han denegado en varias ocasiones el acceso a esta información alegando que no disponen de ella, al no haber ejercido la potestad de control que confiere el artículo 73.3 LBRL, por

---

174 FERNÁNDEZ RAMOS, Severiano, «La transparencia, *op. cit.* p. 130.

lo que la información únicamente está en manos de los grupos políticos.

En efecto, el derecho de acceso exige que la información que se solicita esté en poder del sujeto obligado. Así lo establece el artículo 13 LTBG que define la información pública como los contenidos o documentos, cualquiera que sea su formato o soporte, que obren en poder de alguno de los sujetos incluidos en el ámbito de aplicación de este título y que hayan sido elaborados o adquiridos en el ejercicio de sus funciones. La existencia previa de la información solicitada constituye, por tanto, un elemento esencial para la efectividad del derecho de acceso, de tal modo que, en principio, la LTBG no ampara el derecho a obtener un documento expresamente elaborado para responder a la solicitud.

Ahora bien, —como se ha visto— conviene precisar que el artículo 13 LTBG no se refiere a la posesión de la información por el sujeto obligado, sino a aquella que «obre en su poder». El matiz es relevante, pues poseer y obrar en poder no son términos equivalentes. La posesión alude a la disponibilidad material de la información —esto es, aquella que efectivamente se encuentra en manos de la Corporación—, mientras que el «obrar en poder» tiene un alcance más amplio, que comprende también aquella información que, aunque no se posea materialmente, la Corporación tiene la potestad o el poder jurídico para exigir su entrega. Esta interpretación ha sido asumida por la GAIP que, en diversas resoluciones, ha considerado que la información en poder de la Administración «es un concepto más amplio que la posesión real, ya que incluye también la potencial, es decir, la información que la Administración tiene el poder de tener en sus manos (...) o la capacidad jurídica de requerirla a otras entidades obligadas jurídicamente a facilitarla»[175], interpretación que, además, ha sido confirmada por la jurisprudencia[176].

De este modo, debe entenderse que la información relativa al destino y justificación de la dotación económica de los grupos políticos obra en poder de la Corporación, con independencia de que esta haya ejercido o no la potestad de control sobre la subvención, en la medida en que dispone del poder jurídico para requerir dicha información a los grupos, de conformidad con lo previsto en el artículo 73.3 LBRL.

En consecuencia, la ciudadanía, en ejercicio del derecho de acceso a la información pública, puede ejercer control tanto de legalidad como de oportunidad sobre la gestión y utilización de los fondos públicos asignados a los grupos políticos, con independencia de que la Corporación haya procedido o no a la oportuna fiscalización de la subvención, conforme han establecido el CTBG y sus órganos homólogos de ámbito autonómico[177].

No obstante, tras la reforma del artículo 73.3 LBRL, el control ciudadano sobre la utilización de las subvenciones por parte de los grupos políticos se ha visto notablemente debilitado, en la medida en que el último

---

175 Resolución GAIP 51/2018, de 23 de marzo, entre otras. Este mismo criterio ha sido reiterado por otros órganos de garantía de la transparencia; véase, por ejemplo, la Resolución 20/2020, de 15 de junio, del Consejo de Transparencia de Aragón, o la Resolución 52/2021, de 16 de abril, de la Comisión de Transparencia de Castilla y León.

176 SSTSJ de Cataluña de 26 de mayo de 2020 (ECLI:ES:TSJ-CAT:2020:2045) y de 23 de marzo de 2021 (ECLI:ES:TSJ-CAT:2021:4723).

177 Además de las citadas, puede verse, entre otras, la Resolución CTBG RA 209/2025, de 8 de mayo, por citar la más reciente.

párrafo de dicho precepto dispone que los grupos ya no están obligados a llevar la contabilidad de la parte de la subvención que transfieran a los partidos políticos —que, como se ha señalado, puede llegar a ser incluso la totalidad—, por lo que el Pleno no puede requerir dicha contabilidad respecto de las cantidades transferidas. Dado que los partidos políticos no son sujetos pasivos del derecho de acceso a la información, y que únicamente les resultan aplicables algunas obligaciones de publicidad activa, el resultado es que la parte de la subvención transferida por los grupos políticos a los partidos políticos queda sustraída al control tanto de la Corporación como de la ciudadanía.

5. Reflexión final

Como se ha puesto de manifiesto a lo largo del capítulo, el artículo 73.3 LBRL establece una regulación muy limitada de las subvenciones a los grupos políticos, especialmente en lo relativo al control que ejerce el Pleno de la Corporación —que, en muchos municipios, es prácticamente inexistente— y al destino que puede darse a los fondos públicos, incluidas las aportaciones a los partidos políticos.

La reforma del artículo 73.3 LBRL llevada a cabo a comienzos de este año no solo no ha subsanado las deficiencias normativas que presenta la regulación de estas dotaciones —ya señaladas por el Tribunal de Cuentas—, sino que ha optado por una dirección contraria: al establecer que las aportaciones que los grupos políticos destinen a los partidos políticos no serán objeto de contabilidad específica, reduce aún más la transparencia, el control y la rendición de cuentas sobre el uso de estas subvenciones.

En definitiva, la transparencia y el control de las dotaciones económicas a los grupos políticos constituyen una pieza esencial para la calidad democrática local. Consideramos necesario acometer una nueva reforma del artículo 73.3 LBRL que, siguiendo las recomendaciones del Tribunal de Cuentas, establezca un marco normativo más claro y exigente, que detalle con precisión qué gastos se consideran admisibles, que incluya las condiciones que deben reunir las transferencias a los partidos políticos y que regule los procedimientos de rendición de cuentas sin necesidad de requerimiento expreso por parte del Pleno. Solo así podrá garantizarse un uso responsable de los fondos públicos y una auténtica rendición de cuentas ante la ciudadanía.

CAPÍTULO CUARTO

LOS PARTIDOS POLÍTICOS

1. Los partidos políticos en la Ley de transparencia

El artículo 3.a) LTBG amplía el ámbito de aplicación de la norma a los partidos políticos como «otros sujetos obligados», junto con los sindicatos y las organizaciones empresariales, a los que impone algunas obligaciones de publicidad activa.

Esta incorporación de los partidos políticos a la LTBG, que no estaba inicialmente prevista en el proyecto de ley, sino que se introdujo durante la tramitación parlamentaria[178], altera, en cierta medida, la lógica

---

178 Para un análisis de las intervenciones de los expertos y de las diferentes enmiendas en la tramitación parlamentaria, véase ORGAZ VALLE, Ángel, «Apuntes sobre la Ley 19/2013 de transparencia, acceso a la información pública y buen gobierno: su aplicación a los partidos políticos», *Anuario de la Facultad de Derecho. Universidad de Extremadura*, n.º 36, 2020, pp. 302-310; MESEGUER YEBRA, Joaquín, *Comentario a la Ley 19/2013, de 9 de diciembre, de transparencia, acceso a la información*

que rige su ámbito subjetivo. Ello no quiere decir, ni mucho menos, que los partidos políticos no deban ser transparentes, sino que, quizás, como apuntan algunos autores, la transparencia de los partidos políticos debería haberse regulado en un título independiente de la LTBG, adaptado a sus propias características[179].

En efecto, la LTBG, que está pensada para sujetos públicos, y especialmente para las Administraciones públicas, extiende su ámbito de aplicación a los sujetos privados en función de dos criterios: el ejercicio de tareas públicas y la percepción de recursos públicos[180].

Ahora bien, los partidos políticos difícilmente encajan en estos dos criterios.

Como se sabe, en un Estado social y democrático de Derecho como el nuestro, difícilmente podemos concebir que el ejercicio de tareas públicas —propias o de incumbencia de la Administración— se ejerza por partidos políticos[181].

---

pública y buen gobierno. Análisis de la tramitación e informes sobre publicidad activa y acceso a la información pública, Granada: Centro de Estudios Municipales y Cooperación Internacional y Escuela de Administración Pública de Cataluña, 2014, pp. 59-65.

179 Véase FERNÁNDEZ RAMOS, Severiano, «La transparencia de las entidades privadas», *Actualidad Administrativa,* n.º 1, 2019, p. 2.

180 Véase GONZÁLEZ-JULIANA MUÑOZ, Álvaro, *Transparencia administrativa sin Administración. El acceso a la información en poder de sujetos privados,* Cizur Menor: Aranzadi, 2022.

181 Como sostiene el Tribunal Constitucional, los partidos políticos «no ejercen funciones públicas, sino que proveen al ejercicio de tales funciones por los órganos estatales» [STC 48/2003, de 12 de marzo, (ECLI:ES:TC:2003:48)]. Véase también JIMÉNEZ CAMPO, Javier, «El régimen jurídico-constitucional de los partidos políticos», *Revista de Derecho Político,* n.º

Por otra parte, los partidos políticos tampoco reciben *necesariamente* fondos públicos. Ello no es óbice para que, en la práctica, los partidos que tienen representación parlamentaria gocen de una fuerte financiación pública, pero lo cierto es que, en estos casos, los partidos políticos ya estarían sujetos a la LTBG en virtud del artículo 3.b) LTBG y, aquí sí, sin necesidad de distorsionar la lógica inherente a todo el ámbito subjetivo de aplicación de la LTBG. De hecho, el artículo 3.a) LTBG no exige la presencia de fondos públicos, sino que somete a las reglas de publicidad activa a todos los partidos políticos, con independencia de que cuenten o no con una financiación pública, al igual que ocurre con las organizaciones sindicales y empresariales.

Así pues, ni el ejercicio de tareas públicas ni la percepción de fondos públicos son, en realidad, las razones que justifican la inclusión de estas entidades en el artículo 3.a) LTBG.

La incorporación de los partidos políticos a la LTBG —además de motivada por la opinión pública en un contexto social de crisis económica y de desconfianza política— puede justificarse jurídicamente por las funciones que el artículo 6 de la Constitución les asigna —expresar el pluralismo político, concurrir a la formación de la voluntad popular y ser instrumento fundamental para

---

26, 1988, p. 1, quien explica «las actividades que ejercen los partidos políticos no son funciones públicas en ningún sentido técnico riguroso (...) pues, si la expresión "función pública" significa algo preciso en este contexto (función que pudiera ser desarrollada por un ente público, aunque, por las razones que sean, se deja su ejercicio —bajo control— en manos privadas), ello no es predicable de las tareas que corresponden a los partidos políticos que, ocioso es decirlo, no podrían ser asumidas por los poderes públicos sino negando la condición democrática del Estado».

la participación política—, al igual que ocurre con las organizaciones sindicales y empresariales, que contribuyen a la defensa y promoción de los intereses económicos y sociales que le son propios. Así, el carácter institucional y el papel fundamental que desarrollan estas entidades en el ámbito de la participación política y en la fijación de las condiciones sociolaborales son, como señala el CTBG, «las razones que motivan» la incorporación de estas entidades al ámbito de aplicación de la LTBG[182].

Así, entre las distintas funciones que desempeñan, los partidos políticos actúan como catalizadores de la voluntad popular[183], integrando mediata o inmediatamente los órganos titulares del poder público a través de los procesos electorales[184], de tal modo que, desde los propios órganos del Estado, contribuyen a la construcción de la voluntad política estatal[185].

En consecuencia, la relevancia de las funciones que la Constitución atribuye a los partidos políticos, junto con la exigencia constitucional de que su organización y funcionamiento sean democráticos, exige que la actuación de las formaciones políticas se adecúe a unas mínimas exigencias de transparencia, en especial

---

182 Criterio Interpretativo CTBG 3/2019, de 20 de diciembre de 2019.

183 Véase OTERO, Paulo, *A democracia totalitária. Do Estado totalitário à sociedade totalitária. A influência do totalitarismo na democracia do século XXI*, Cascais: Principia, 2001, p. 209.

184 STC 48/2003, de 12 de marzo (ECLI:ES:TC:2003:48).

185 Véase SALVADOR MARTÍNEZ, María, «Los partidos políticos como instrumento de participación y su estatuto constitucional», en MORÁN MARTÍN, Remedios (Coord.), *Participación y exclusión política: causas, mecanismos y consecuencias*, Valencia: Tirant lo Blanch, 2018, p. 335.

en lo que se refiere a sus actividades de índole económico, de tal forma que la ciudadanía pueda controlar el origen de los ingresos privados de los partidos —que pueden condicionar las funciones de relevancia constitucional que tienen encomendadas[186]—, o verificar si se ha dado el destino adecuado a los fondos públicos recibidos[187].

Así, la sujeción de los partidos a la transparencia no sirve únicamente como un instrumento de control del cumplimiento de la legalidad[188] que pueden ejercer tanto la ciudadanía como las otras formaciones políticas que concurran en el mercado electoral, sino que también permite que los ciudadanos, al contar con una adecuada información, puedan elegir las fuerzas políticas que mejor se adaptan a sus propias ideas e intereses[189].

Finalmente, cabe señalar que, aunque la LTBG se refiere únicamente a los partidos políticos, el CTBG considera que, llevando a cabo una interpretación finalista del artículo 3.a) LTBG, el precepto incluye también a las federaciones, confederaciones y unio-

---

186 Véase PAJARES MONTOLÍO, Emilio J, «Financiación de partidos y transparencia», en SALVADOR MARTÍNEZ, María (Coord.), *Estudios sobre la función y el estatuto constitucional de los partidos políticos*, Marcial Pons, Madrid, 2022, p. 317.

187 Véase SALVADOR MARTÍNEZ, María, «Función y constitucionalización de los partidos políticos», en SALVADOR MARTÍNEZ, María (Coord.), *Estudios sobre la función y el estatuto constitucional de los partidos políticos*, Marcial Pons, Madrid, 2022, p. 109.

188 Véase SÁNCHEZ MUÑOZ, Óscar, «El control sobre la financiación de los partidos políticos en España», en MATÍA PORTILLA, Francisco Javier (Dir.), *Problemas actuales sobre el control de los partidos políticos*, Valencia: Tirant lo Blanch, 2016, p. 401.

189 Véase MORLOK, Martin, *Escritos de derecho de partidos*, Madrid: Marcial Pons, 2018, p. 51.

nes de partidos y a las agrupaciones de electores, ya que, en opinión del órgano de garantía, los motivos de la inclusión de los partidos en la LTBG se dan igualmente en el resto de las citadas formaciones políticas[190].

2. Las obligaciones de transparencia de los partidos políticos: publicidad activa sin derecho de acceso a la información

Como decíamos, el artículo 3.a) LTBG somete a los partidos políticos a la transparencia. Sin embargo, lo hace de forma limitada, ya que están sujetos a las obligaciones de publicidad activa, pero no a las normas que regulan el derecho de acceso a la información, de tal modo que la información que obra en poder de las formaciones políticas no puede calificarse como información pública[191].

Durante la tramitación parlamentaria hubo algunas propuestas que sugerían que los partidos políticos, además de las obligaciones de publicidad activa, fueran también sujetos pasivos del derecho de acceso a la información[192]. Esta alternativa, como ya sabemos, no tuvo éxito. Pero, en todo caso, se trata de una opción de política legislativa, ya que tanto la opción escogida —de no sujeción—, como la otra opción posible —que fue-

---

190 Criterio Interpretativo CTBG 3/2019, de 20 de diciembre de 2019.

191 Véase FERNÁNDEZ RAMOS, Severiano, «La transparencia, *op. cit.* p. 2.

192 Véase MESEGUER YEBRA, Joaquín, *Comentario, op. cit.* p. 60.

ran sujetos pasivos del derecho de acceso— son igualmente válidas[193].

Una de las razones que probablemente justifica que los partidos políticos no sean sujetos pasivos del derecho de acceso sea la dificultad de extender a las entidades privadas la sujeción a un procedimiento administrativo —el del ejercicio del derecho de acceso[194]—, máxime si tenemos en cuenta que la transparencia se aplica tanto a partidos mayoritarios como a fuerzas políticas extraparlamentarias. Por otro lado, tampoco está del todo claro cuáles serían los contenidos de interés público que podrían ser objeto de un eventual derecho de acceso, sin que, al mismo tiempo, se interfiera en su esfera autónoma de organización y funcionamiento[195], más allá de la información de carácter económico, que ya es objeto de publicidad activa[196]. En todo caso, la doctrina sí que ha aportado algunos posi-

---

193 Véase BARRERO RODRÍGUEZ, Concepción, «Transparencia: ámbito subjetivo», en GUICHOT, Emilio (Coord.), *Transparencia, Acceso a la Información Pública y Buen Gobierno. Estudio de la Ley 19/2013, de 9 de diciembre*, Madrid: Tecnos, 2014, p. 92.

194 Véase FERNÁNDEZ RAMOS, Severiano; PÉREZ MONGUIÓ, José María, *El derecho de acceso a la información pública en España*, Cizur Menor: Aranzadi, 2020, p. 153, aunque los autores se refieren a los sujetos privados que prestan servicios públicos, ejercen potestades administrativas o celebran contratos con el sector público (art. 4 LTBG).

195 Véase PEREIRO CÁRCELES, Manuel, «Aspectos controvertidos asociados a la aplicación de obligaciones de transparencia a sujetos privados», *Revista valenciana d'estudis autonòmics*, n.º 68, 2023, p. 204.

196 Véase MORETÓN TOQUERO, María Aránzazu, «Partidos políticos, corrupción y transparencia», en GÓMEZ RIVERO, María del Carmen (Dir.), *Regeneración democrática y estrategias penales en la lucha contra la corrupción* Valencia: Tirant lo Blanch, 2017, p. 183.

bles contenidos, como, por ejemplo, los documentos programáticos[197], informes de gestión sobre el trabajo realizado por el partido y sus cargos orgánicos e institucionales[198], o los actos programáticos más relevantes, como es el caso de los congresos[199].

Como decíamos antes, la inclusión de los partidos políticos en la LTBG como «otros sujetos obligados» no estaba prevista inicialmente en el proyecto de ley, lo que genera algunas dificultades interpretativas, ya que los preceptos que regulan las obligaciones de publicidad activa fueron redactados pensando especialmente en las entidades del sector público[200].

En efecto, las obligaciones de publicidad activa se encuentran reguladas, en general, en el capítulo II del título I de la LTBG, que abarca los artículos 5 a 11.

Varios de estos preceptos nítidamente no resultan de aplicación a los partidos políticos, ya que están dirigidos en exclusiva a las Administraciones públicas. Es el caso del artículo 7, relativo a la información de relevan-

---

197 Pajares Montolío, Emilio J, «Financiación, *op. cit.* p. 316.

198 Rubio Núñez, Rafael; Gonzalo Rozas, Miguel Ángel, «Otros sujetos obligados», en Troncoso Reigada, Antonio (Dir.), *Comentario a la Ley de transparencia, acceso a la información pública y buen gobierno*, Madrid: Civitas, 2017, p. 405.

199 Salvador Martínez, María, «La transparencia como elemento del estatuto constitucional de los partidos políticos», en Sánchez de Diego Fernández de la Riva, Manuel; Salvador Martínez, María (Dirs.), *Fundamentos de la transparencia, aspectos políticos y perspectiva internacional*, Madrid: Centro de Estudios Políticos y Constitucionales, p. 245.

200 Véase Fernández Ramos, Severiano, «Publicidad activa: régimen general», en Gamero Casado, Eduardo (Dir.), *Tratado de Procedimiento Administrativo Común y Régimen Jurídico Básico del sector público*, Valencia: Tirant lo Blanch, 2017, p. 832.

cia jurídica, y de los artículos 10 y 11, referidos al Portal de la Transparencia.

Por otra parte, varios de los artículos del capítulo II LTBG se aplican únicamente de forma parcial a los partidos políticos, lo que exige un análisis detallado de dichos preceptos con la finalidad de determinar el alcance real de las obligaciones de publicidad activa exigibles a las formaciones políticas, tal como se examinará a continuación. Pero antes de entrar en esta cuestión, cabe hacer una referencia a la competencia del CTBG y del Tribunal de Cuentas para controlar el cumplimiento de las obligaciones de publicidad activa por parte de los partidos políticos.

3. Los partidos políticos y el control de la publicidad activa

El artículo 9 LTBG atribuye al CTBG el control del cumplimiento por la Administración General del Estado de las obligaciones de publicidad activa. Al referirse expresamente a las Administraciones públicas, no cabe inferir de este artículo 9 LTBG la competencia del CTBG para controlar el cumplimiento de las obligaciones de publicidad activa por parte de los partidos políticos[201].

Sin embargo, el artículo 38.1.d) LTBG sí que atribuye al CTBG la función de evaluar el grado de aplicación de la LTBG. Y lo hace sin distinguir entre los distintos sujetos obligados, por lo que cabe deducir que se aplica a todas las entidades incluidas en el ámbito de aplicación de la LTBG y, por tanto, también a los partidos políticos. El artículo 38.1.d) LTBG añade que, para cumplir

---

201 Véase FERNÁNDEZ RAMOS, Severiano, «La transparencia, *op. cit.* p. 10.

con esta función de evaluar el grado de aplicación de la LTBG, el CTBG debe elaborar anualmente una memoria que presentará a las Cortes Generales en la que se incluirá la información sobre el cumplimiento de las obligaciones previstas en la LTBG.

De hecho, el Plan de Evaluación del CTBG de 2024 recoge en su apartado 2.4, referido a la «Evaluación del cumplimiento de las obligaciones de publicidad activa», los diferentes sujetos que iban a ser objeto de evaluación por el órgano de garantía de la transparencia. Entre estos sujetos, el apartado 2.4.5 hace referencia a las «Entidades que hayan sido objeto de denuncia por incumplimiento de las obligaciones de publicidad activa en los años 2023 y 2024», incluyendo en esta categoría a los partidos políticos, al haber recibido el CTBG en el año 2023 varias denuncias por incumplimiento de las obligaciones de publicidad activa por parte de los partidos políticos.

A raíz de estas denuncias, el CTBG ha evaluado el cumplimiento de las obligaciones de publicidad activa de los partidos políticos de ámbito estatal y con representación en el Congreso de los Diputados —PP, PSOE, VOX, Sumar, Izquierda Unida y Podemos—, que son los partidos que, según el criterio del CTBG, entran dentro de su ámbito competencial.

Los resultados de la evaluación se plasman en un informe que se remite a las formaciones políticas evaluadas para que puedan trasladar al CTBG sus comentarios y observaciones sobre el informe, indicando, en su caso, los eventuales errores detectados. Una vez finalizado el periodo de alegaciones, el CTBG publica en su web los informes individuales de cada uno de los partidos. El resumen de estos informes, junto con una referencia a las observaciones y comentarios realizados por los partidos políticos, se incorpora a la memoria de actividades de órgano de garantía, la cual, en virtud del artículo 40 LTBG, debe remitirse a las Cortes Generales.

Dado que la LTBG no establece un régimen sancionador aplicable a los partidos políticos, la única consecuencia jurídica derivada del incumplimiento de las obligaciones de publicidad activa es la publicación de los informes de evaluación en la página web del CTBG, lo que posibilita, al menos en teoría, un cierto control ciudadano sobre la transparencia de las formaciones políticas.

Junto con el CTBG, el Tribunal de Cuentas ha evaluado en el año 2024, por primera vez, el grado de cumplimiento por parte de los partidos políticos de las obligaciones de transparencia derivadas tanto de su legislación específica como de la propia LTBG. No resulta del todo clara la competencia del Tribunal de Cuentas para fiscalizar el cumplimiento de las obligaciones de transparencia por parte de los partidos políticos. No obstante, el propio órgano fiscalizador fundamenta esta función de control de la transparencia en el artículo 16.3 *in fine* LOFPP que le atribuye la fiscalización de «la adecuación de su actividad económico-financiera a los principios de gestión financiera que sean exigibles conforme a su naturaleza». Sobre esta base, el Tribunal de Cuentas considera que el principio de transparencia forma parte de dichos principios rectores de la gestión financiera.

Ahora bien, cabe cuestionar si esta interpretación no resulta excesivamente amplia, en la medida en que extiende la competencia original vinculada al control de la actividad económico-financiera a otro ámbito distinto, como es de la publicidad activa, fiscalizando el cumplimiento de obligaciones de transparencia que derivan no solo de la LOFPP, sino también de la LTBG, sin contar con una habilitación legal expresa.

4. Las obligaciones de publicidad activa de los partidos políticos

4.1. Principios generales (artículo 5 LTBG)

El artículo 5 LTBG establece los principios generales que rigen las obligaciones de publicidad activa. De acuerdo con el CTBG, estos principios generales se aplican a los partidos políticos, a excepción del apartado 1, que se refiere expresamente a los sujetos del artículo 2.1 LTBG y a la «actividad pública»[202].

Ahora bien, del artículo 5.1 LTBG se desprende la obligación, para las entidades del artículo 2.1 LTBG, de publicar la información «de forma periódica y actualizada», características que, razonablemente, deberían ser aplicables también a los partidos políticos. Tal como han señalado algunos autores, la exclusión no se debe a razones materiales sino más bien a una falta de adecuación de este apartado 1 con la incorporación posterior de los partidos políticos a la LTBG durante la tramitación parlamentaria[203]. De hecho, en los informes de evaluación sobre el cumplimiento de las obligaciones de publicidad activa de los partidos políticos del año 2024, el CTBG reprocha a todos los partidos que algunas informaciones que publican no están datadas y no se indica la fecha de la última revisión o actualización de la información.

Lo que sí resulta de una clara aplicación a los partidos políticos es el artículo 5.4 LTBG, de tal forma que la información objeto de publicidad activa debe publicarse en la página web del partido político de una

---

202 Criterio Interpretativo CTBG 3/2015, de 11 de mayo de 2015.

203 Véase PEREIRO CÁRCELES, Manuel, «Aspectos, *op. cit.* p. 195.

manera clara, estructurada y entendible para los interesados, y preferiblemente en formatos reutilizables. El artículo 5.4 LTBG también exige que se establezcan los mecanismos adecuados para facilitar la accesibilidad, la interoperabilidad, la calidad y la reutilización de la información publicada, así como su identificación y localización.

A este respecto, como indica el CTBG, para facilitar su localización, los partidos políticos deben publicar la información obligatoria respetando la estructura que establece la LTBG y, por tanto, clasificándola en *(i)* Información institucional y organizativa y *(ii)* Información económica y presupuestaria. Además, la información que se publica debe hacerse de manera individualizada, sin remisión a otros documentos correspondientes a otra obligación, con el objetivo de facilitar su localización e identificación, y preferiblemente en un formato reutilizable que permita, al menos, «copiar y pegar»[204].

Finalmente, aunque no lo exija expresamente la LTBG, el CTBG recomienda que, en los casos en los que no exista información relativa a una obligación de publicidad activa, se indique expresamente esa inexistencia, ya que solo de esta manera es posible detectar si existe o no un incumplimiento de la obligación de publicación.

4.2. La información institucional y organizativa (artículo 6 LTBG)

El artículo 6.1 LTBG establece como una obligación de publicidad activa el deber de publicar la información relativa a las funciones que desempeñan las entidades

---

204 Véase **CTBG**, *Informes de evaluación sobre el cumplimiento de las obligaciones de publicidad activa de los partidos políticos* (2024).

sujetas a esta obligación, la normativa que les resulta aplicable y su estructura organizativa. A tal efecto, deberá incluirse un organigrama actualizado en el que se identifiquen a los responsables de los distintos órganos, así como su perfil y trayectoria profesional.

Dado que esta obligación se establece con carácter general, resulta claramente aplicable a los partidos políticos, a diferencia del artículo 6.2 LTBG que, al prever las obligaciones de publicidad activa sobre las actividades de planificación, se dirige únicamente a la Administración pública.

Por lo tanto, la primera de las concretas obligaciones que prevé el artículo 6.1 LTBG es la publicación de las funciones que desarrollan los partidos políticos. Su cumplimiento, en principio, no plantea grandes dificultades, ya que basta con indicar las funciones constitucionales que recoge el artículo 6 de la Constitución. Esta información puede complementarse, de forma voluntaria, con los concretos fines e intereses que persiga cada formación política.

En segundo lugar, el artículo 6.1 LTBG obliga a las formaciones políticas a publicar la normativa que les sea de aplicación. El CTBG considera que el cumplimiento de esta obligación exige que los partidos políticos hagan referencia en su página web a la Ley Orgánica 6/2002, de 27 de junio, de Partidos Políticos (LOPP) y a la LOFPP. No obstante, para facilitar la accesibilidad exigida por el artículo 5.4 LTBG, creemos conveniente que la referencia a estas leyes —a la que debería añadirse la propia LTBG— vaya acompañada de un hipervínculo que conduzca al texto de la ley publicada en el Boletín Oficial del Estado.

Por otro lado, además de la publicación de las leyes aplicables —LOPP, LOFPP y LTBG—, los partidos políticos deben hacer pública también su propia normativa interna. En rigor, esta obligación ya se derivaba parcialmente de la LOFPP[205] y la LOPP[206], que imponen a los partidos la publicación de sus instrucciones internas en materia de contratación y de sus estatutos[207].

En la práctica, los informes de evaluación del CTBG muestran un cumplimiento favorable de la obligación de publicidad normativa respecto a los grandes partidos de ámbito estatal, que, como ya se ha mencionado anteriormente, son los únicos sometidos a la evaluación por el órgano de garantía de la transparencia. Sin embargo, el grado de cumplimiento disminuye considerablemente en el resto de las formaciones políticas, especialmente en las de ámbito autonómico y local. Así lo refleja el informe de 2024 del Tribunal de Cuentas sobre la fiscalización del cumplimiento del principio de transparencia por los partidos políticos, que detecta que el 89 % de las formaciones políticas analizadas no cumplen adecuadamente con esta obligación de publicidad activa[208].

En tercer lugar, el artículo 6.1 de la LTBG impone a los partidos políticos la obligación de hacer pública su

---

205 Véase la disposición adicional décimo tercera LOFPP.

206 Véase el artículo 3.3 LOPP.

207 Véase GIMÉNEZ FLORES, Fernando, *La democracia interna de los partidos políticos*, Madrid: Congreso de los Diputados, 1999, p. 100, que pone de relieve cómo hace unos años había una gran dificultad en acceder a los estatutos y al resto de la normativa interna de los partidos políticos, al no existir ni una voluntad política ni una obligación legal de publicidad. Véase también sobre esta cuestión, SALVADOR MARTÍNEZ, María, *Partidos políticos. El estatuto constitucional de los partidos y su desarrollo legal*, Madrid: Marcial Pons, 2021, p. 125.

208 TRIBUNAL DE CUENTAS, *Informe de fiscalización del cumplimiento del principio de transparencia por los partidos políticos* (2024), pp. 25 y 26.

estructura organizativa, incluyendo un organigrama actualizado que identifique a los responsables de los distintos órganos del partido. La información sobre la estructura organizativa requiere, al menos, la identificación del órgano de máxima dirección, constatándose, generalmente, un alto grado de cumplimiento en esta materia. En cambio, la publicación del organigrama presenta una elevada tasa de incumplimiento —superior al 80 % como indica el Tribunal de Cuentas— que afecta, incluso, a partidos con representación parlamentaria[209].

Del artículo 6.1 LTBG se deriva también la obligación de publicar la identificación de los responsables de los diferentes órganos de los partidos políticos. A este respecto, cabe preguntarse qué debe entenderse por «responsables» de los distintos órganos del partido, ya que la LTBG no ofrece una definición expresa. El proyecto de reglamento de desarrollo de la LTBG, en la versión de febrero de 2018, establecía en su artículo 13.1 que, a estos efectos, se entenderían por responsables de los partidos políticos los presidentes y secretarios generales de los partidos políticos de ámbito estatal y autonómico, lo que deja fuera a una multitud de cargos con funciones de alta dirección[210].

En la versión de 2019, además de estos cargos, la definición de responsables de los partidos políticos se amplía a *(i)* las personas que integren el órgano de representación que en su caso realice funciones ejecutivas, y *(ii)* las personas responsables conforme a sus normas internas de organización.

---

209   Tribunal de Cuentas, *Informe, op. cit.* p. 27.

210   Véase Fernández Ramos, Severiano, «La transparencia, *op. cit.* p. 7.

En todo caso, dado que no se ha aprobado el reglamento de la LTBG, lo razonable sería entender que, a efectos de la transparencia, deben considerarse responsables a todos los miembros de los órganos de gobierno y gestión de los partidos políticos, en línea con el artículo 8.2 LOPP que reconoce el derecho de los afiliados a ser informados sobre la composición de los órganos directivos y de administración. No obstante, por el momento, de los informes de evaluación del CTBG y del Tribunal de Cuentas se deduce que resulta suficiente la identificación de los miembros que componen el máximo órgano de dirección del partido político.

Finalmente, el artículo 6.1 LTBG exige la publicación del perfil y trayectoria profesional de los responsables de los partidos políticos, cuyo cumplimiento requiere dar a conocer, como mínimo, su formación y experiencia profesional. No obstante, sería recomendable que el futuro desarrollo reglamentario concretase con mayor precisión el contenido mínimo de esta obligación.

En todo caso, en la práctica, el problema no radica tanto en el grado de detalle con el que se presenta esta información, sino en el alto grado de incumplimiento —superior al 70 %[211]— que afecta no solo a los partidos minoritarios, sino también a los grandes partidos de ámbito estatal[212], como así lo ponen de manifiesto los informes de evaluación tanto del CTBG como del Tribunal de Cuentas.

---

211 TRIBUNAL DE CUENTAS, *Informe, op. cit.* p. 28.

212 Como es el caso del PP, PSOE, VOX y Podemos. Véase, CTBG, *Informes de evaluación sobre el cumplimiento de las obligaciones de publicidad activa de los partidos políticos* (2024).

4.3. La información económica y presupuestaria (artículo 8 LTBG)

El artículo 8 LTBG, dedicado a la información económica, presupuestaria y estadística, establece varias informaciones que deben ser objeto de publicidad activa.

No cabe duda de que la obligación prevista en el artículo 8.3 LTBG no se aplica a los partidos políticos puesto que se refiere expresamente a las Administraciones públicas, a las que obliga a publicar la relación de los bienes inmuebles que sean de su propiedad o sobre los que ostenten algún derecho real, sin que resulte evidente la razón que justifique esta exclusión[213].

Lo que no resulta tan claro es en qué medida el artículo 8.1 LTBG se aplica a los partidos políticos. En principio, este precepto resulta aplicable a estas entidades por remisión del artículo 3 LTBG. Sin embargo, con cierta confusión, el artículo 8.2 LTBG matiza que los sujetos del artículo 3 LTBG, entre los que se encuentran los partidos políticos, deben publicar la información a la que se refieren las letras a), b) y c) del artículo 8.1 LTBG únicamente cuando se trate de contratos o convenios celebrados con una Administración pública o de subvenciones recibidas cuyo órgano concedente sea una Administración pública.

Así, en un primer momento, surgió la duda sobre si el artículo 8.2 LTBG determinaba que los partidos políticos únicamente estaban obligados a publicar las informaciones referidas en las letras a), b) y c) en los

---

[213] Véase **Moretón Toquero**, María Aránzazu, «Transparencia y partidos políticos. Los "otros sujetos obligados"», *Eunomía. Revista en Cultura de la Legalidad*, n.º 23, 2022, p. 156.

términos expuestos, o si, por el contrario, los partidos políticos estaban sujetos a todas las obligaciones de publicidad activa del artículo 8.1 LTBG, pero con respecto a las obligaciones recogidas en las letras a), b) y c), se limitaba su aplicación en aquellos casos en los que era parte la Administración pública[214].

Sobre esta cuestión, el CTBG ha tenido la oportunidad de pronunciarse y ha considerado, en el Criterio interpretativo 3/2015, que todas las obligaciones de publicidad activa previstas en el artículo 8.1 LTBG son aplicables a las entidades privadas del artículo 3 LTBG, entre las que se encuentran los partidos políticos[215].

Sin embargo, la realidad pone de relieve que, por su propia naturaleza, varias de las obligaciones previstas en el artículo 8.1 LTBG no son aplicables a los partidos políticos. Así, con seguridad, no resultan de aplicación a los partidos políticos las obligaciones de publicidad activa contenidas en la letra g), referida a las resoluciones de autorización o reconocimiento de compatibilidad de las autoridades y empleados públicos, en la letra h), relativa a las declaraciones anuales de bienes y actividades de los representantes locales; y en la letra i), referida a la información estadística necesaria para valorar el cumplimiento y calidad de los servicios públicos que sean de su competencia[216].

Por otra parte, pueden surgir algunas dudas con relación a las obligaciones de publicidad activa previstas en el artículo 8.1 LTBG letra e), sobre las cuentas

---

214 Véase VILLORIA MENDIETA, Manuel, *La publicidad activa, op. cit.* p. 20.

215 Criterio Interpretativo CTBG 3/2015, de 11 de mayo de 2015.

216 FERNÁNDEZ RAMOS, Severiano, «La transparencia, *op. cit.* p. 8.

anuales que deban rendirse y los informes de auditoría de cuentas y de fiscalización por parte de los órganos de control externo que sobre ellos se emitan; y letra f), referidas a las retribuciones percibidas anualmente por los máximos responsables. A este respecto, el artículo 14.1.b) del proyecto de reglamento, aunque con una redacción excesivamente genérica, establece que los partidos políticos tendrían que publicar la «información económico-presupuestaria que permita reflejar adecuadamente el destino dado a los fondos públicos recibidos», cuyo contenido podría identificarse con la información a la que hacen referencia las letras e) y f) del artículo 8.1 LTBG.

A continuación, se analizan con detalle las obligaciones de publicidad activa contenidas en las letras a) a f) del artículo 8.1 LTBG, y se examina el grado de cumplimiento de estas obligaciones por parte de los partidos políticos.

a) Contratos y convenios [arts. 8.1.a) y 8.1.b) LTBG]

El artículo 8.1.a) LTBG exige la publicación de todos los contratos con indicación del objeto, duración, el importe de la licitación y de la adjudicación, el procedimiento utilizado para su celebración, los instrumentos a través de los que, en su caso, se ha publicitado, el número de licitadores participantes en el procedimiento y la identidad del adjudicatario, así como las modificaciones del contrato.

Sin embargo, como hemos señalado, de acuerdo con el artículo 8.2 LTBG, los partidos políticos únicamente tienen la obligación de publicar los contratos y convenios que celebren con una Administración, lo que, en principio, parece poco probable[217]. Esto deja al margen de la transparencia los contratos que los partidos políticos suscriben con otras entidades privadas[218], que son, precisamente, los de mayor relevancia e interés de cara a la lucha contra la corrupción[219].

b) Subvenciones y ayudas públicas [art. 8.1.c) LTBG]

De acuerdo con los artículos 8.1.c) y 8.2 LTBG, los partidos políticos tienen la obligación de publicar las subvenciones y ayudas que reciban de las Administraciones públicas, indicando su importe, objetivo y finalidad.

En conexión con este artículo 8.1.c) LTBG, el artículo 3.9 LOFPP obliga a las Administraciones públicas que concedan subvenciones a los partidos políticos a publicar, al menos una vez al año y de conformidad con la LTBG, el detalle de las subvenciones abonadas y de sus perceptores. Por su parte, el artículo 13.8 LOFPP obliga directamente a los partidos políticos a publicar las subvenciones recibidas.

En realidad, con anterioridad a la LTBG, ya había una cierta publicidad de las subvenciones a los partidos políticos, ya que la Administración General del Estado publicaba (y publica) trimestralmente en el Boletín Oficial del Estado las entregas realizadas de las subven-

---

217 PAJARES MONTOLÍO, Emilio J, «Financiación, *op. cit.* p. 340.

218 Criterio Interpretativo CTBG 3/2015, de 11 de mayo de 2015.

219 TEROL GÓMEZ, Ramón, «Obligaciones de transparencia y partidos políticos», en MORILLAS CUEVA, Lorenzo (Dir.), *Corrupción privada, transparencia y gestión pública*, Madrid: Dykinson, 2023, p. 56.

ciones anuales[220]. E igualmente, también se pueden conocer las subvenciones concedidas a los partidos políticos a través de los informes que publica el Tribunal de Cuentas sobre la fiscalización de las cuentas anuales de los partidos políticos, aunque, eso sí, con un notable retraso[221].

En todo caso, con relación a la obligación de publicidad activa prevista en el 8.1.c) y 8.2 LTBG, los informes del Tribunal de Cuentas y del CTBG ponen de relieve un incumplimiento en torno al 50 % por parte de las formaciones políticas analizadas por el Tribunal de Cuentas[222], que afecta no sólo a los partidos minoritarios, sino también a los grandes partidos estatales[223].

Con todo, conocer los importes de las subvenciones que reciben los partidos políticos es insuficiente para lograr una de las finalidades principales de la transparencia: el control sobre la gestión de los recursos públicos y la rendición de cuentas a la ciudadanía. En efecto, saber qué subvenciones reciben los partidos aporta

---

220　PAJARES MONTOLÍO, Emilio J, «Financiación, *op. cit.* p. 342. Véase las Resoluciones de 8 de abril de 2025, de la Dirección General de Política Interior, por la que se publican las subvenciones estatales anuales para atender los gastos de funcionamiento ordinario y para sufragar los gastos de seguridad, abonadas a las diferentes formaciones políticas con representación en el Congreso de los Diputados, durante el primer trimestre del ejercicio 2025 (BOE del 18 de abril de 2025).

221　Por ejemplo, en 2024 se publicó el informe de fiscalización de las cuentas anuales de los partidos políticos correspondientes al ejercicio 2020.

222　TRIBUNAL DE CUENTAS, *Informe, op. cit.* p. 49.

223　Como es el caso del PP, VOX, Izquierda Unida y Sumar. Véase, CTBG, *Informes de evaluación sobre el cumplimiento de las obligaciones de publicidad activa de los partidos políticos* (2024).

muy poco, al no permitir un verdadero control ciudadano sobre la gestión de la subvención en términos de legalidad y oportunidad.

En especial, la necesidad de una transparencia más intensa se focaliza en las subvenciones que reciben los partidos políticos para sufragar sus gastos de funcionamiento ordinario[224], ya que, dada la configuración de estas ayudas, el control que realiza el Tribunal de Cuentas es muy reducido.

En efecto, las subvenciones de funcionamiento ordinario —que el propio artículo 3.1 LOFPP califica como «no condicionadas»— conceden a los partidos políticos un amplísimo margen de actuación para decidir a qué dedican los recursos públicos que reciben. A diferencia de las subvenciones electorales[225] y de las destinadas a sufragar gastos de seguridad[226], las subvenciones para gastos de funcionamiento ordinario no prevén ningún gasto subvencionable, lo que determina que la fiscalización que realiza el Tribunal de Cuentas de estas subvenciones sea muy limitada.

En realidad, en materia de gastos, la tarea fiscalizadora del Tribunal de Cuentas se circunscribe únicamente a la comprobación de la documentación justificativa que sirva de soporte a los gastos y a verificar que

---

224 Véase el artículo 3 LOFPP.

225 Véase los artículos 127 y siguientes de la Ley Orgánica 5/1985, de 19 de junio, del Régimen Electoral General. Sobre las subvenciones electorales, véase GONZÁLEZ-JULIANA MUÑOZ, Álvaro, «Las subvenciones electorales a los partidos políticos en España», *Revista Jurídica de Castilla y León*, n.º 36, 2015.

226 Véase el Real Decreto 1306/2011, de 26 de septiembre, por el que se regula la tramitación de las subvenciones estatales anuales para sufragar los gastos de seguridad en los que incurren los partidos políticos.

estos se han contabilizado de manera adecuada[227]. En otras palabras, el Tribunal de Cuentas se limita a comprobar los estados contables, observando si los partidos políticos cumplen o no con las normas establecidas en la LOFPP, pero no entra a valorar si los gastos que han realizado los partidos políticos recaen dentro de la actividad subvencionada, es decir, el funcionamiento del partido político.

Como es de imaginar, la calificación de la subvención como no condicionada —que implica la ausencia de gastos subvencionables y un limitado control— abre la puerta a posibles abusos en la utilización de los recursos públicos. Resultaría, por ello, conveniente que esta ayuda se configurase de forma similar a la subvención para gastos de seguridad, definiendo con claridad los gastos subvencionables. Todo ello, sin perjuicio de que se pueda prever alguna categoría de gasto que, con determinados límites económicos, conceda un cierto margen de actuación, evitando así encorsetar en exceso la actividad ordinaria del partido.

De lo contrario, los riesgos de utilización de los recursos públicos para actividades que poco o nada tienen que ver con las funciones constitucionales atribuidas a los partidos políticos son evidentes. La reciente Sentencia de la Audiencia Provincial de Oviedo de 4 de febrero de 2025[228] constituye un buen ejemplo de esta problemática. En esta sentencia se declara probado que el entonces presidente del partido político Foro Asturias

---

227 PAJARES MONTOLÍO, Emilio J, «Financiación de partidos, *op. cit.* p. 329.

228 SAP de Oviedo 42/2025, de 4 de febrero de 2025 (ECLI:ES:APO:2025:42).

cargó a las cuentas del partido una serie de gastos que difícilmente pueden vincularse con la actividad política, tales como gastos en restauración, ropa o entradas a eventos deportivos.

c) Los presupuestos, las cuentas anuales y los informes de auditoría de cuentas y de fiscalización de los órganos de control externo [arts. 8.1.d) y 8.1.e) LTBG]

En primer lugar, el artículo 8.1.d) LTBG establece varias obligaciones de publicidad activa relacionadas con la técnica presupuestaria, de cuya redacción se desprende que únicamente resulta de aplicación a los partidos políticos la publicación de los presupuestos, pero no del resto de obligaciones previstas en el precepto, que se dirigen en exclusiva a las Administraciones públicas.

En la práctica, los informes del CTBG ponen de relieve el incumplimiento de varios partidos políticos de la obligación de publicar sus presupuestos[229].

Por otra parte, el artículo 8.1.e) LTBG establece dos obligaciones de publicidad activa: la publicación de las cuentas anuales y la de los informes de auditoría de cuentas y de fiscalización por parte de los órganos de control externo que sobre ellos se emitan. Estas obligaciones de publicidad activa también están previstas en los artículos 14.8 y 14.9 LOFPP.

---

229 Como es el caso del PP, Izquierda Unida y Sumar. Véase **CTBG**, *Informes de evaluación sobre el cumplimiento de las obligaciones de publicidad activa de los partidos políticos* (2024).

El cumplimiento de las obligaciones de publicar las cuentas anuales y los informes de fiscalización emitidos por el Tribunal de Cuentas es, por lo general, bastante elevado[230].

d) Las remuneraciones de los máximos responsables [art. 8.1.f) LTBG]

De acuerdo con el artículo 8.1. f) LTBG, los partidos políticos se encuentran obligados a publicar las retribuciones percibidas anualmente por sus máximos responsables y las indemnizaciones que, en su caso, reciban con ocasión del abandono del cargo.

La LTBG no define qué debe entenderse por retribuciones, aunque parece evidente que esta noción no se circunscribe únicamente a los salarios, sino que engloba todo tipo de conceptos remunerativos y de complementos, incluidos los variables, tanto dinerarios, como en especie[231]. Lo que no estaría incluido son las dietas, ya que el artículo 8.1.f) LTBG no las menciona expresamente y, en un sentido estricto, no persiguen una finalidad retributiva. En todo caso, pese a la literalidad del artículo 8.1.f) LTBG, parece claro que, de existir

---

230 De los partidos evaluados por el CTBG únicamente incumple Sumar respecto de la obligación de publicar el informe de fiscalización del Tribunal de Cuentas, ya que el CTBG contabiliza la ausencia de publicación como un incumplimiento, aunque no exista la información que deba publicarse, salvo que se indique expresamente que el partido político no publica la información obligatoria porque no existe tal información. Parece que este es el caso, ya que la constitución de Sumar como partido político es reciente (2023) y el último informe de fiscalización de los partidos políticos es del ejercicio 2020.

231 Véase la Resolución GAIP 206/2016, de 26 de octubre de 2016, entre otras.

tales dietas, deberían ser objeto de publicidad activa, no solo para evitar un posible fraude —al ocultar una retribución bajo la apariencia de dieta— sino también porque su conocimiento tiene también un indudable interés público.

Por tanto, en nuestra opinión, los partidos políticos deberían publicar todas las remuneraciones que, en un sentido amplio, abonan a sus máximos responsables, ya sean salarios, remuneraciones en especie, dietas o gastos protocolarios o de representación.

Pase a lo que establece la LTBG, los informes del CTBG revelan que ninguna de las formaciones políticas evaluadas en el año 2024 cumple con la obligación de publicar las remuneraciones de sus máximos responsables[232], incumplimiento que el informe del Tribunal de Cuentas extiende al 86 % de los partidos políticos analizados[233].

Sin embargo, aunque las formaciones políticas no publican esta información, sí que resulta posible conocer las remuneraciones de aquellos responsables que ejercen cargos representativos a través de las declaraciones de bienes y actividades que están obligados a presentar[234]. En estas declaraciones, entre otros datos, deben figurar las actividades que, al margen de la fun-

---

232 PSOE, PP, VOX, Podemos, Sumar e Izquierda Unida. Véase, **CTBG**, *Informes de evaluación sobre el cumplimiento de las obligaciones de publicidad activa de los partidos políticos* (2024).

233 **Tribunal de Cuentas**, *Informe, op. cit.* p. 26.

234 Artículo 160 de la Ley 5/1985, de 19 de junio, del Régimen Electoral General; artículo 75.7 LBRL; artículo 18 RC; y artículo 26 RS.

ción representativa, les proporcionen o puedan proporcionar ingresos económicos.

El análisis de estas declaraciones —especialmente, las presentadas en el Congreso de los Diputados y en el Senado— permite conocer las remuneraciones que algunos diputados y senadores perciben por el ejercicio de cargos orgánicos dentro de sus partidos políticos, así como las retribuciones que reciben por parte de sus respectivos grupos parlamentarios.

En cualquier caso, las declaraciones de bienes y actividades no pueden sustituir la obligación de los partidos políticos de publicar las retribuciones de sus máximos responsables. Obligar al ciudadano a consultar, una por una, todas las declaraciones de los cargos representativos para obtener dicha información resulta claramente contrario al principio de acceso fácil inherente a la transparencia. Y, además, no todos los responsables de los partidos políticos desempeñan cargos representativos, por lo que esta vía resulta, en muchos casos, insuficiente.

4.4. Otras obligaciones de publicidad activa no previstas en la LTBG: en especial, la publicidad de las donaciones

Como hemos visto, las obligaciones de publicidad activa que recaen sobre los partidos políticos no están contempladas únicamente en la LTBG, sino que también se prevén en la LOPP y, especialmente, en la LOFPP. En algunos casos, una misma materia que es objeto de publicidad activa está regulada de forma similar en la normativa específica de los partidos políticos y en la LTBG, como ocurre, por ejemplo, con la obligación de publicar los estatutos o las cuentas anuales.

En cambio, otras obligaciones de publicidad activa no están contempladas en la LTBG y solo se regulan en la LOFPP. Es el caso de la obligación prevista en el artículo 14.8 LOPFF, que establece la obligación de publicar las donaciones efectuadas a los partidos políticos, cuando su valor sea superior a 25.000 euros, con referencia concreta a la identidad del donante o legatario.

La publicidad de las donaciones permite conocer quién financia a una determinada fuerza política y los posibles compromisos y relaciones de dependencia[235] y, por lo tanto, su conocimiento puede influir a la hora de escoger el voto entre los distintos partidos políticos[236].

Por el contrario, la publicidad de las donaciones también plantea algunos problemas, ya que publicar la identidad de las personas que financian un partido político puede implicar la revelación de la ideología de los donantes. De acuerdo con los artículos 5.3 y 15.1 LTBG, esta revelación solo puede producirse si se cuenta con el consentimiento expreso y por escrito del donante, salvo que, con anterioridad a la donación, el donante haya hecho manifiestamente pública su ideología.

Así, conciliar la obligación de publicidad impuesta por la LOFPP con el límite a la protección de la ideología política establecido en la LTBG pasa necesariamente por entender que quienes realizan donaciones superiores a 25.000 euros son conscientes de que, por imperativo legal, su ideología política será revelada[237].

---

235 MORLOK, Martin, *Escritos, op. cit.* p. 90.

236 SANTANO, Ana Claudia, *La financiación de los partidos políticos en España*, Madrid: Centro de Estudios Políticos y Constitucionales, 2016, p. 252.

237 Para Óscar SÁNCHEZ, la donación a un partido político es un acto expresivo, similar a la firma de un manifiesto, por lo que

Al mismo tiempo, en esta tarea de conciliación, parece evidente que la publicación de la identidad de todos los donantes —incluidos los de pequeña cuantía— no contribuiría de manera relevante a la finalidad perseguida: conocer quién financia a una determinada fuerza política y los posibles compromisos o relaciones de dependencia que puedan derivarse. Y, en cambio, su publicación sí que resultaría lesiva para el donante, al implicar la revelación su ideología[238].

En consecuencia, resulta razonable circunscribir la publicidad de la identidad a aquellas donaciones cuya cuantía sea suficiente para generar una posible influencia o dependencia política, preservando así el equilibrio entre transparencia y protección de la ideología. Como se ha señalado, la LOFPP fija ese umbral en 25.000 euros, un límite que, en todo caso, ha sido objeto de críticas[239].

---

desde el punto de vista de la libertad ideológica —en su vertiente de derecho a no declarar sobre la propia ideología— no existirían reparos constitucionales a la hora de exigir la publicación de la identidad de los donantes [SÁNCHEZ MUÑOZ, Óscar, «El control sobre la financiación de los partidos políticos en España», en MATÍA PORTILLA, Francisco Javier (Dir.), *Problemas actuales sobre el control de los partidos políticos*, Valencia: Tirant lo Blanch, 2016, p. 404].

238 Sobre la necesidad de conseguir un equilibrio entre transparencia y la protección del pequeño donante, véase MARTINS, Margarida, *O financiamento político e o direito*, Lisboa: Universidade Lusíada Editora, 2021, p. 32.

239 Véase SÁNCHEZ MUÑOZ, Óscar, «Razones para regular (mejor) la financiación de los partidos. Más allá de la corrupción política», *Eunomía. Revista en Cultura de la Legalidad*, n.º 23, 2022, p. 130, quien considera que el límite de las donaciones privadas debería reducirse a 2.000 euros anuales, debiendo publicarse la identidad de los donantes que realicen aportaciones superiores a 500 euros, lo que permitiría dejar fuera las pequeñas contribuciones de afiliados y simpatizantes.

Por último, cabe señalar que, según el informe del Tribunal de Cuentas, el 68 % de los partidos políticos no publican en sus páginas web las donaciones que reciben, siendo imposible distinguir si la falta de publicidad deriva de la ausencia de donaciones superiores a 25.000 euros o, por el contrario, de la falta de voluntad de hacer pública esta información.

5. Reflexión final

A lo largo de este capítulo hemos visto que las obligaciones de transparencia a las que están sujetos los partidos políticos son bastante reducidas: por un lado, no están sujetos al derecho de acceso a la información; por otro, las obligaciones de publicidad activa a las que están sujetos son también muy limitadas.

De hecho, los partidos políticos solo están obligados a publicar una información muy limitada: las funciones que desempeñan, la normativa aplicable, su estructura organizativa —incluido un organigrama que identifique a los responsables y su trayectoria profesional—, así como los contratos o subvenciones recibidos de la Administración pública.

No obstante, esta obligación excluye los contratos suscritos con entidades privadas, que son, precisamente aquellos que resultarían de mayor interés desde la perspectiva de la transparencia y la lucha contra la corrupción. Asimismo, debe publicarse otra información relevante, como los presupuestos, las cuentas anuales, los informes de auditoría externa, las retribuciones de altos cargos y las donaciones de elevada cuantía.

Sin embargo, muchas de estas obligaciones de publicidad activa no se cumplen, sin que existan consecuencias jurídicas reales para los partidos políticos, más allá de la publicación de los informes que constatan su incumplimiento.

De este modo, a pesar de las virtudes que presenta la LTBG, su aplicación a los partidos políticos es muy limitada y no permite un control social pleno sobre sus actuaciones, especialmente en lo que respecta a su actividad económico-financiera. Por ello, la LTBG aún no opera como un verdadero mecanismo preventivo o disuasorio frente a los fenómenos de corrupción vinculados a la actuación de las formaciones políticas.

BIBLIOGRAFÍA

Ackerman, John M.; Sandoval-Ballesteros, Irma E., «The global explosion of freedom of information laws», *Administrative Law Review*, vol. 58, 2006.

Arena, Gregorio, «Transparencia administrativa y democracia», *Revista Vasca de Administración Pública*, n.º 37, 1993.

Arévalo Gutiérrez, Alfonso, «La configuración estructural de los grupos parlamentarios a tenor de la jurisprudencia del Tribunal Constitucional», *Asamblea: Revista Parlamentaria de la Asamblea de Madrid*, n.º 1, 2007.

Barnes, Javier, «Una reflexión introductoria sobre el Derecho administrativo y la Administración pública de la sociedad de la información y del conocimiento», *Revista Andaluza de Administración Pública*, n.º 40, 2000.

BARNES, Javier, «Procedimientos administrativos y nuevos modelos de gobierno. Algunas consecuencias sobre la transparencia», GARCÍA MACHO, Ricardo (Coord.), *Derecho administrativo de la información y administración transparente*, Madrid: Marcial Pons, 2010.

BARRERO RODRÍGUEZ, Concepción, «Transparencia: ámbito subjetivo», en GUICHOT, Emilio (Coord.), *Transparencia, Acceso a la Información Pública y Buen Gobierno. Estudio de la Ley 19/2013, de 9 de diciembre*, Madrid: Tecnos, 2014.

BERMEJO VERA, José, «El secreto en las Administraciones públicas: principios básicos y regulaciones específicas del Ordenamiento jurídico español», *Revista Española de Derecho Administrativo*, n.º 57, 1988.

BETANCOR RODRÍGUEZ, Andrés, «Corrupción: concepto, tipos, perjuicios, causas, consecuencias, reacciones y autoridades», en BETANCOR RODRÍGUEZ, Andrés (Dir.), *Corrupción, corrosión del Estado de Derecho*, Cizur Menor: Civitas, 2017.

BIRKINSHAW, Patrick, «Freedom of Information and Openness: Fundamental Human Rights», *Administrative Law Journal Review*, vol. 58, 2006.

BLANQUER CRIADO, David, «Artículo 73», en REBOLLO PUIG, Manuel; IZQUIERDO CARRASCO, Manuel (Coords.), *Comentarios a la Ley reguladora de las bases de régimen local*, Valencia: Tirant lo Blanch, 2007.

BLASCO DÍAZ, José Luis, «El sentido de la transparencia administrativa y su concreción legislativa», en GARCÍA MACHO, Ricardo (Coord.), *Derecho administrativo de la información y administración transparente*, Madrid: Marcial Pons, 2010.

BOBBIO, Norberto, «La democrazia e il potere invisibile», *Il futuro de della democrazia*, Turín: Einaudi, 1984.

BOTERO, Giovanni, *De la raison d'État* [1589-1598], París: Gallimard, 2014.

BOVENS, Mark, «Public accountability», en EWAN, Ferlie; LYNN, Laurence E; POLLITT, Christopher (Eds.), *The Oxford handbook of public management*, Oxford: Oxford University Press, 2005.

BOVENS, Mark, «Public accountability», en EWAN, Ferlie; LYNN, Laurence E; POLLITT, Christopher (Eds.), *The Oxford handbook of public management*, Oxford: Oxford University Press, 2005.

BRANDEIS, Louis D, «What publicity can do?», *Harper's Weekly*, 20 de diciembre de 1913.

BROWN, A.J; VANDEKERCKHOVE, Wim; DREYFUSS, Suelette, «The Relationship between Transparency, Whistleblowing, and Public Trust», en ALA'I, Padideh; VAUGHN, Robert G (Eds.), *Research Handbook on Transparency*, Cheltenham: Edward Elgar, 2014.

BUENO ARMIJO, Antonio, *El concepto de subvención en el ordenamiento jurídico español*, Bogotá: Universidad Externado de Colombia, 2013.

BUGARIC, Bojan, «Openness and transparency in public administration: challenges for public law», *Wisconsin International Law Journal*, n.º 22, 2004.

CACIAGLI, Mario, «La importancia de las elecciones para la democracia desde un punto de vista comparado», en MOLINS, Joaquim; OÑATE, Pablo (Eds.), *Elecciones y comportamiento electoral en la España multinivel*, Madrid: Centro de Investigaciones Sociológicas, 2006.

CASTELLÀ ANDREU, Josep Maria, *Los derechos constitucionales de participación política en la Administración Pública: un estudio del artículo 105 de la Constitución*, Barcelona: Cedecs, 2001.

CERRILLO I MARTÍNEZ, Agustí «Transparencia administrativa y lucha contra la corrupción en la Administración local», *Anuario del Gobierno Local*, n.º 1, 2011.

CHEVALIER, Jacques, «Le mythe de la transparence administrative», en *Information et transparence administratives*, París: PUF, 1988.

CID VILLAGRASA, Blanca, «Naturaleza jurídica de los grupos parlamentarios: el grupo parlamentario como titular de derechos y obligaciones», *Asamblea: Revista Parlamentaria de la Asamblea de Madrid*, n.º 1, 2011.

CORSO, Guido, «Potere politico e segreto», en MERLONI, Francesco (Ed.), *La trasparenza amministrativa*, Milán: Giuffrè, 2008.

DEBBASCH, Charles, «Introduction», *La transparence administrative en Europe*, París: Éditions du Centre National de la Recherche Scientifique, 1990.

DEBBASCH, Charles; COLIN, Frédéric, *Administration publique*, París: Economica, 2005.

DÍAZ LEMA, José Manuel, «Concepto de subvención y ámbito de aplicación de la Ley 38/2003, de 17 de noviembre», *Justicia Administrativa*, n.º 27, 2005.

DRAÏ, Raphaël, «Transparence et démocratie sont-elles vraiment compatibles?», en DROIN, Nathalie; FOREY, Elsa (Dirs.), *La transparence en politique*, París: LGDJ-Institut Universitaire Varenne, 2013.

ESPOSITO, Carlo, «Riforma dell'amministrazione e diritti costituzionali dei cittadini», *La Costituzione italiana: saggi*, Padua: Cedam, 1956.

FENSTER, Mark, «The Transparency Fix Advocating Legal Rights and Their Alternatives in the Pursuit of a Visible State», *University of Pittsburgh Law Review*, vol. 73, 2012.

FERNÁNDEZ FARRERES, Germán, «El concepto de subvención y los ámbitos objetivo y subjetivo de aplicación de la Ley», en FERNÁNDEZ FARRERES, Germán (Coord.). *Comentarios a la Ley General de Subvenciones*, Madrid: Civitas, 2005.

FERNÁNDEZ RAMOS, Severiano, «La reclamación ante los órganos de garantía del derecho de acceso a la información pública», *Revista General de Derecho Administrativo*, n.º 45, 2017.

FERNÁNDEZ RAMOS, Severiano, «Publicidad activa: régimen general», en GAMERO CASADO, Eduardo (Dir.), *Tratado de Procedimiento Administrativo Común y Régimen Jurídico Básico del sector público*, Valencia: Tirant lo Blanch, 2017.

FERNÁNDEZ RAMOS, Severiano, «La transparencia de las entidades privadas», *Actualidad Administrativa*, n.º 1, 2019.

FERNÁNDEZ RAMOS, Severiano, «La transparencia de las aportaciones financieras a los grupos políticos locales», *Revista española de la transparencia*, n.º 16, 2023.

FERNÁNDEZ RAMOS, Severiano, «Un regalo navideño para los partidos políticos: las dotaciones económicas de los grupos políticos de las corporaciones locales», disponible en www.hayderecho. com/2025/02/06/dotaciones-economicas-grupos-politicos-locales/. Fecha de consulta: 1 de septiembre de 2025.

FERNÁNDEZ RAMOS, Severiano; PÉREZ MONGUIÓ, José María, *El derecho de acceso a la información pública en España*, Cizur Menor: Aranzadi, 2020.

FERNÁNDEZ SALMERÓN, Manuel, «Procedimiento administrativo e información del sector público», en VALERO TORRIJOS, Julián; FERNÁNDEZ SALMERÓN, Manuel (Dirs.). *Régimen jurídico de la transparencia del sector público. Del derecho de acceso a la reutilización de la información*, Cizur Menor: Aranzadi, 2014.

FIDALGO DE FREITAS, Tiago, «A dimensão constitucional da transparência administrativa», en XAVIER, Rita, *et al.* (Coords.), *Constitucionalismo e (Con)temporaneidade. Estudos em homenagem ao Professor Doutor Manuel Alfonso Vaz*, Oporto: Universidade Católica Editora.

GARCÍA DE CASTILLO PÉREZ DE MADRID, Alicia, «Dotaciones económicas de las Corporaciones Locales a los grupos políticos: problemática, fiscalización por el Tribunal de Cuentas y su reciente reforma legislativa», *Revista Española de Control Externo*, n.º 79, 2025.

GARCÍA DE ENTERRÍA, Eduardo, *Democracia, jueces y control de la Administración*, Cizur Menor: Civitas, 2009.

GIMÉNEZ FLORES, Fernando, *La democracia interna de los partidos políticos*, Madrid: Congreso de los Diputados, 1999.

GONZÁLEZ-JULIANA MUÑOZ, Álvaro, «Las subvenciones a los grupos políticos en las asambleas legislativas españolas», *Revista Digital de Derecho Administrativo*, n.º 11, 2014.

GONZÁLEZ-JULIANA MUÑOZ, Álvaro, «Las subvenciones electorales a los partidos políticos en España», *Revista Jurídica de Castilla y León*, n.º 36, 2015.

GONZÁLEZ-JULIANA MUÑOZ, Álvaro, *Transparencia administrativa sin Administración. El acceso a la información en poder de sujetos privados*, Cizur Menor: Aranzadi, 2022.

GONZÁLEZ-JULIANA MUÑOZ, Álvaro, «Subvenciones a grupos parlamentarios y rendición de cuentas. Reflexiones en torno al alcance de la Ley de Transparencia», *Estudios en derecho a la información*, n.º 18, 2024.

GONZÁLEZ-JULIANA MUÑOZ, Álvaro, «Los parlamentos en la Ley de transparencia», *Revista Jurídica de Castilla y León*, n.º 61, 2024.

HILLIARD, Nadia, «Monitoring the U.S executive branch and out. The Freedom of Information Act, inspectors general and the paradoxes of transparency», en POZEN, David E; SCHUDSON, Michael (Eds.), *Troubling transparency*, Nueva York: Columbia University Press, 2018.

HOOD, Christopher, «Transparency», en CLARKE, Paul Barrry; FOWERAKER, Joe (Eds.), *Encyclopedia of Democratic Thought*, Londres: Routledge, 2001.

JIMÉNEZ CAMPO, Javier, «El régimen jurídico-constitucional de los partidos políticos», *Revista de Derecho Político*, n.º 26, 1988.

LASSERRE, Bruno; LENOIR, Noëlle; STIRN, Bernard, *La transparence administrative*, París: PUF, 1987.

LAURENT, Sébastien-Yves, État secret, Ëtat clandestin: essai sur la transparence démocratique, París: Gallimard, 2024.

LIMA DE ARRUDA, Carmen Silvia, *O Princípio da Transparência*, São Paulo: Quartier Lain, 2020.

MARTINS, Margarida*, O financiamento político e o direito*, Lisboa: Universidade Lusíada Editora, 2021.

MESEGUER YEBRA, Joaquín, «El procedimiento administrativo para el ejercicio del derecho de acceso a la información pública», *Revista Jurídica de Castilla y León*, n.º 33, 2014.

MESEGUER YEBRA, Joaquín, *Comentario a la Ley 19/2013, de 9 de diciembre, de transparencia, acceso a la información pública y buen gobierno. Análisis de la tramitación e informes sobre publicidad activa y acceso a la información pública*, Granada: Centro de Estudios Municipales y Cooperación Internacional y Escuela de Administración Pública de Cataluña, 2014.

MESTRE DELGADO, Juan Francisco, «Artículo 105», en RODRÍGUEZ-PIÑERO BRAVO-FERRER, Miguel; CASAS BAAMONDE, María Emilia (Dirs.), *Comentarios a la Constitución Española*, Tomo II, Madrid: Boletín Oficial del Estado, 2018.

MIR PUIGPELAT, Oriol, *Transparencia y procedimiento administrativo. El derecho de acceso al expediente y su conexión con el derecho de acceso a la información pública*, Cizur Menor: Civitas, 2019.

MONTERO CARO, María Dolores, *Democracia en transición: una agenda para su regeneración*, Madrid: Dykinson, 2023.

MORALES ARROYO, José María, *Los grupos parlamentarios en las Cortes Generales*, Madrid: Centro de Estudios Políticos y Constitucionales, 1990.

MORETÓN TOQUERO, María Aránzazu, «Partidos políticos, corrupción y transparencia», en **GÓMEZ RIVERO**, María del Carmen (Dir.), *Regeneración democrática y estrategias penales en la lucha contra la corrupción* Valencia: Tirant lo Blanch, 2017.

MORETÓN TOQUERO, María Aránzazu, «Transparencia y partidos políticos. Los "otros sujetos obligados"», *Eunomía. Revista en Cultura de la Legalidad*, n.º 23, 2022.

MOREU CARBONELL, Elisa, «Artículo 1», en **EZQUERRA HUERVA**, Antonio, **OLIVÁN DEL CACHO**, Javier (Dirs.), *Comentarios a la Ley reguladora de la jurisdicción contencioso-administrativa*, Valencia: Tirant lo Blanch, 2021.

MORLOK, Martin, *Escritos de derecho de partidos*, Madrid: Marcial Pons, 2018.

NAVARRO MÉNDEZ, Ignacio, «El control de las subvenciones concedidas por las cámaras legislativas a los grupos parlamentarios», en **PAU I VALL**, Francesc; **ORDOKI URDAZI**, Luis (Coords.), *El Parlamento y los Tribunales de Justicia*, Madrid: Tecnos, 2017.

O' DONNELL, Guillermo, «Horizontal accountability in new democracies», en **SCHEDLER,** Andreas; **DIAMOND**, Larry; **PLATTNER**, Marc (Eds.), *The self-restraining state: Power and accountability in new democracies*, Londres: Lynne Rienner Publishers, 1999.

OLEA ROMACHO, Antonio Ramón; REDONDO DEL POZO, María Teresa, «Régimen jurídico-económico y contable de las dotaciones económicas a los grupos políticos locales», en FERNÁNDEZ-FIGUEROA GUERRERO, Fernando (Coord.), *Diagnóstico de mejoras normativas en la legislación básica de régimen local*, Barcelona: Fundación Democracia y Gobierno Local, 2022.

ORGAZ VALLE, Ángel, «Apuntes sobre la Ley 19/2013 de transparencia, acceso a la información pública y buen gobierno: su aplicación a los partidos políticos», *Anuario de la Facultad de Derecho. Universidad de Extremadura*, n.º 36, 2020.

OTERO, Paulo, *A democracia totalitária. Do Estado totalitário à sociedade totalitária. A influência do totalitarismo na democracia do século XXI*, Cascais: Principia, 2001.

PAJARES MONTOLÍO, Emilio J, «Financiación de partidos y transparencia», en SALVADOR MARTÍNEZ, María (Coord.), *Estudios sobre la función y el estatuto constitucional de los partidos políticos*, Madrid: Marcial Pons, 2022.

PALMER, Stephanie, «Freedom of Information: new proposals», en BEATSON, Jack; CRIPPS, Yvonne (Eds.), *Freedom of Expression and Information. Essays in honour of Sir David Williams*, Oxford: Oxford University Press, 2000.

PALOMAR OLMEDA, Alberto, «El control judicial de las decisiones en materia de transparencia administrativa», en VALERO TORRIJOS, Julián; FERNÁNDEZ SALMERÓN, Manuel (Dirs.), *Régimen jurídico de la transparencia del sector público. Del derecho de acceso a la reutilización de la información.* Cizur Menor: Aranzadi, 2014.

PARISI, Arturo; PASQUINO, Gianfranco, «Relazione parti-ti-elettori e tipi di voto», en PARISI, Arturo; PASQUINO, Gianfranco (Eds.), *Continuità e mutamento elettorale in Italia*, Bolonia: Il Mulino, 977.

PASCUA MATEO, Fabio, *Fuentes y control del derecho parlamentario y de la administración parlamenta-ria*, Madrid: Centro de Estudios Políticos y Constitucionales, 2014.

PASCUAL GARCÍA, José, *Las subvenciones públicas*, Madrid: Boletín Oficial del Estado, 2005.

PASCUAL GARCÍA, José; RODRÍGUEZ CASTAÑO, Antonio Ramón; VALERO ESCRIBANO, José Ignacio, *Régimen jurídico de las subvenciones públicas*, Madrid: Boletín Oficial del Estado, 2025.

PAUNER CHULVI, Cristina, «El estatuto de los parlamentarios en un contexto multinivel: las relaciones entre parlamentarios, grupos y partidos», *Revista de Derecho Político*, n.º 78, 2010.

PEREIRO CÁRCELES, Manuel, «Aspectos controvertidos asociados a la aplicación de obligaciones de transparencia a sujetos privados», *Revista valenciana d'estudis autonòmics*, n.º 68, 2023.

PÉREZ CONCHILLO, Eloísa, *Transparencia y derecho de acceso a la información pública: configuración y naturaleza constitucional*, Cizur Menor: Aranzadi, 2023.

PÉREZ-SERRANO JÁUREGUI, Nicolás, *Los grupos parlamentarios*, Madrid: Tecnos, 1989.

Presno Linera, Miguel Ángel, «Supresión, como recursos de los partidos políticos, de las subvenciones recibidas por los grupos parlamentarios», *Debates constitucionales*, n.º 6, 2004.

Quirós Roldán, Antonio, «Grupos políticos y retribuciones de los miembros de las corporaciones locales», en Castillo Blanco, Federico A (Coord.), *Modificaciones y panorama actual del régimen local español*, Granada: Centro de Estudios Municipales y de Cooperación Internacional, 2000.

Rams Ramos, Leonor, «El procedimiento de ejercicio del derecho de acceso a la información pública», *Revista General de Derecho Administrativo*, n.º 41, 2016.

Rey Martínez, Fernando, «Derecho de acceso a la información y secretos oficiales en el ordenamiento español», *Cuadernos Manuel Giménez Abad*, n.º 5, 2013.

Rey Martínez, Fernando, «El derecho de acceso a la información pública a la luz del derecho constitucional», en Rubio Llorente, Francisco; Jiménez Campo, Javier, *et al.* (Coords.) *La Constitución política de España*: *estudios en homenaje a Manuel Aragón Reyes*, Madrid: Centro de Estudios Políticos y Constitucionales, 2016.

Ridao, Joan, «La financiación de los grupos parlamentarios y su adecuación a los actuales requerimientos de transparencia y rendición de cuentas», en *Los grupos parlamentarios: evolución y perspectivas de futuro. Seminario celebrado en*

Seminario celebrado en Vitoria-Gasteiz los días 24 y 25 de enero de 2022, Vitoria: Parlamento Vasco, 2022.

Rubio Núñez, Rafael; Gonzalo Rozas, Miguel Ángel, «Otros sujetos obligados», en Troncoso Reigada, Antonio (Dir.), *Comentario a la Ley de transparencia, acceso a la información pública y buen gobierno*, Madrid: Civitas, 2017.

Rubio Núñez, Rafel, «Gobierno abierto», en Pendás, Benigno (Ed.), *Enciclopedia de las Ciencias Morales y Políticas para el siglo XXI*, Madrid: Real Academia de Ciencias Morales y Políticas – Boletín Oficial del Estado, 2020.

Sainz Arnaiz, Alejandro, *Los grupos parlamentarios*, Madrid: Congreso de los Diputados, 1989.

Sainz Moreno, Fernando, «Secreto y transparencia», en Sainz Moreno, Fernando (Dir.), *Estudios para la reforma de la Administración pública*, Madrid: Instituto Nacional de Administración Pública, 2004.

Salamero Teixidó, Laura, «De la publicidad a la transparencia en las cámaras legislativas: análisis crítico», *Actualidad Administrativa*, n.º 1, 2019.

Salvador Martínez, María, «Los partidos políticos como instrumento de participación y su estatuto constitucional», en Morán Martín, Remedios (Coord.), *Participación y exclusión política: causas, mecanismos y consecuencias*, Valencia: Tirant lo Blanch, 2018.

Salvador Martínez, María, «La transparencia como elemento del estatuto constitucional de los partidos políticos», en Sánchez de Diego Fernández

DE LA RIVA, Manuel; SALVADOR MARTÍNEZ, María (Dirs.), *Fundamentos de la transparencia, aspectos políticos y perspectiva internacional*, Madrid: Centro de Estudios Políticos y Constitucionales, 2021.

SALVADOR MARTÍNEZ, María, *Partidos políticos. El estatuto constitucional de los partidos y su desarrollo legal*, Madrid: Marcial Pons, 2021.

SALVADOR MARTÍNEZ, María, «Función y constitucionalización de los partidos políticos», en SALVADOR MARTÍNEZ, María (Coord.), *Estudios sobre la función y el estatuto constitucional de los partidos políticos*, Madrid: Marcial Pons, 2022.

SÁNCHEZ MORÓN, Miguel, «El derecho de acceso a la información en materia de medio ambiente», *Revista de Administración Pública*, n.º 137, 1995.

SÁNCHEZ MORÓN, Miguel, «Nuevas garantías del Derecho administrativo», *Revista de Administración Pública*, n.º 194, 2014.

SÁNCHEZ MUÑOZ, Óscar, «El control sobre la financiación de los partidos políticos en España», en MATÍA PORTILLA, Francisco Javier (Dir.), *Problemas actuales sobre el control de los partidos políticos*, Valencia: Tirant lo Blanch, 2016.

SÁNCHEZ MUÑOZ, Óscar, «Razones para regular (mejor) la financiación de los partidos. Más allá de la corrupción política», *Eunomía. Revista en Cultura de la Legalidad*, n.º 23, 2022.

SANTANO, Ana Claudia, *La financiación de los partidos políticos en España*, Madrid: Centro de Estudios Políticos y Constitucionales, 2016.

SANTAOLALLA LÓPEZ, Fernando, *Derecho parlamentario español*, Madrid: Dykinson, 2019.

SANZ PÉREZ, Ángel, «La naturaleza jurídica de los grupos parlamentarios: una aproximación al proceso de juridificación de los grupos parlamentarios», *Corts: Anuario de Derecho Parlamentario*, n.º 10, 2001.

TEROL GÓMEZ, Ramón, «Obligaciones de transparencia y partidos políticos», en MORILLAS CUEVA, Lorenzo (Dir.), *Corrupción privada, transparencia y gestión pública*, Madrid: Dykinson, 2023.

TURATTI, Filippo, *Atti del Parlamento italiano. Camera dei Deputatti*, sess.1904-1908, 17 de junio 1908.

VILLAVERDE MENÉNDEZ, Ignacio, *Los derechos del público*, Madrid: Tecnos, 1997.

VILLORIA MENDIETA, Manuel, *La publicidad activa en la Ley de transparencia, acceso a la información y buen gobierno: posibilidades e insuficiencias*, Barcelona: Generalitat de Catalunya, 2014.

VILLORIA MENDIETA, Manuel, «Transparencia y rendición de cuentas», en LLERA RAMO, Francisco José (Coord.), *Desafección política y regeneración democrática en la España actual: diagnósticos y propuestas*, Madrid: Centro de Estudios Políticos y Constitucionales, 2016.

WEBER, Max, *Economía y Sociedad*, México: Fondo de Cultura Económica, 1969.

WENCES, Isabel, «Cultura de la legalidad y rendición de cuentas social», en VILLORIA MENDIETA, Manuel; WENCES, Isabel (Coords.), *Cultura de la legalidad: instituciones, procesos y estructuras*, Madrid: Los Libros de la Catarata, 2010.